殴らず、怒鳴らず、人を育てる！

実践！プロの教え方

アチーブメント株式会社
取締役主席トレーナー
佐藤英郎◉著

上司の"育成力"を高める新・ティーチングの技術

アーク出版

なぜいまティーチングなのか――「教える力」を取り戻すために

最近、教育界やスポーツ界で体罰やいじめなど、指導者側に原因のある問題がクローズアップされています。

体罰は学校教育法により、はっきりと禁止されているにもかかわらず、教師・指導者たちの「指導のため」という理由で行われ、周囲もこれを是認していたようです。教育者による法律無視の行為ですから、言語道断で驚きを禁じえませんが、そもそも「指導に効果がある」と考える時点で、ことの本質を履き違えています。

体罰を行った指導者の多くは「結果を早く、確実に出すよう周囲からのプレッシャーがあった」とその理由を述べていますが、本当にプレッシャーが体罰の理由ならば、それは指導者の「教える力」が著しく低下したからと言わざるを得ません。彼らは「殴られる側の気持ち」をどれだけ感じ取っていたでしょうか。

「教えること」でもっとも大事なことは、教える対象に関心を持つことです。相手のことを知らなければ、何を教えていいのかわからないからです。指導者の「教える力」が低下しているのは、スキルとしての教え方だけでなく、その前提となる「対象をよく見る。関心を持つ」ということがおろそかになっている気がします。

江戸時代の教育は、しつけは家庭や地域社会で、読み書き算盤は寺子屋や藩校といった教育機関で教えました。さまざまな大人たちが子供の教育に関わっていたのです。私が生まれたのは北海道の田舎で、子供の頃は親だけでなく、近所の大人たちからもほめられたり叱られたりしたものです。

ところが最近は、教育の責任をすべて学校に任せ、何か問題が起こった時には学校に文句を言うような親が多いようです。親として何を教えていいのかわからないという人もいるでしょう。多様化している社会で毅然と子供に向き合えない中で、「どんな塾に通わせるか」「どれだけ習い事をさせるか」だけが教育だと思っている親も多いことでしょう。

これも、ある意味で無関心です。大切な子供を人に預けたままにして「良し」としているのです。専門的な知識や技術は、専門家にしか教えられませんから、習い事や塾が悪いといっているのではありません。しかし、最終的な責任は親にあるはずです。学校や塾に預けるだけで責任を全うできていると思ってはいけません。親も、教える当事者として、教えるスキルを持って子供に接することが必要なのです。

＊　＊

かつて日本の企業は、新入社員を一人前に育て上げる力もあり、自負もありました。「生え抜き社員」という言葉に象徴されるように、仕事のスキル・知識はもちろんのこと、社会人としての人間性も、企業で働くことにより育まれたものです。武田節ではありませんが「人は石垣、人は城」で、日本企業といえば、人を育てることを誇りとしていました。

ところが、バブル崩壊後は雇用の自由化もあり、終身雇用が崩壊して、じっくりと人を育てることができなくなりました。また、業績の悪化もあり、これまで人材育成を担っていたマネジャーにもプレイヤーとしての成果が求められるようになりました。プレイング・マネジャーといえば聞こえはいいですが、どうしてもプレイヤーに比重はかかります。その結果、マネジャーとしての人材育成力、すなわち「教える力」が低下したのです。

マネジメントの本意は「人を活用する」ことにあります。当然、そこには人材を育てることも含まれているのです。そして人材育成とは片手間に行えることではありません。マネジャーの立場として真剣に全力で取り組まなければならないのです。

ところが今のマネジャーはプレイヤーでもあるので、その手間をかけることができません。このあたりは経営者の方々にも、もう一度考えていただきたいところです。本書で「水槽理論」というものを紹介しています。魚を元気に飼育するには水槽の環境を良くしなければならないように、新人の教育にも上司だけでなく周囲の「みんなが関わる」ということです。企業においても、経営者が率先して教える環境を整備しなければならないのです。

＊　＊

学校や職場などで、今、日本の教える力が低下しています。

親が子に教える、先生が生徒に教える、先輩が後輩に教える、上司が部下に教える——。人が生きていくなかで〝教える〟という行為はいろいろな場面で必要ですが、教えるためには、高度なコミュニケーションスキルを身につける必要があります。もちろんのこと、上司や親も意識的に学ばなければ身につくものではありません。

教えるプロである学校の先生は、大学で「教育学」を学び、「実習」を経て試験に合格しなければなれません。それほど教えるということは一朝一夕にできるものではないのです。

本書は、教える技術・知識・知恵を、学校の先生だけでなく、一般の方々にも必要なものとして解説したものです。「教えるとは何か」そして、教えるための技術、知識を身につけて、実際の場で生かす一助になれば幸いです。

2013年3月

佐藤　英郎

殴らず、怒鳴らず、人を育てる！

実践！ プロの教え方

◆ 目次

なぜいまティーチングなのか――「教える力」を取り戻すために

プロローグ なぜ思いどおりに部下は育たないのか

1章 「部下を教える」ということの意味

２章 部下から尊敬される上司の心得

3章 いざ実践のティーチング

4章 ✿ 教える環境を整える

カバー装幀◎NONdesign（小島トシノブ）
編集協力◎伊藤寛純
本文DTP◎丸山尚子

プロローグ

なぜ思いどおりに部下は育たないのか

なぜ部下を育てなければならないのか

——次世代が育たなければ自分の組織も居場所もなくなるから

▼自分より優秀な人材を育てられなければ組織はジリ貧になる

ティーチング（＝教える技術）とは何かをお話する前に、なんのためにティーチングが必要で、何を教えなければならないのかを理解しておきましょう。

まず、ティーチングに必要なのは、先生（＝上司、あなた）と生徒（＝部下）、そして教えるコトとモノです。

上司のあなたは、なぜ部下に教えなければならないのでしょうか。業務の一貫として部下指導があるからでしょうが、それより重要なのは企業という組織の一員として、部下を教え育てることの目的があるからです。つまり、

「自分より優秀な人材を育て、組織の発展に貢献すること」——。

こう書くと「えっ私はどうなるの？」という疑問を持たれる方もいるかもしれません。自分より優秀な部下を育ててしまっては、自分のいる場所がなくなるのではない

か？　と。

これは、親が子供を教える、先生が生徒を教える場合でも同じですが、教えるという行為は次世代を育て、その世代が育つことによって、いま自分が所属する社会や組織が良くなっていくことを目的とします。もし、次世代が自分たちより出来が悪かったら、社会や組織はジリ貧になります。それこそあなたの居場所はなくなってしまうのです。「最近の若い者は！」と嘆く前に、その若い者を育てたのは自分自身であることを自覚しましょう。私の経験では、本当に優秀な部下を育てた上司に対しては、その組織は必ず次の椅子を用意しているものです。

▼部下を育てないどころか潰す上司

部下を教えていかなくてはと思っていても、プレイングマネジャーでもある上司は、業務の合間に部下のために時間をとり、部下のために勉強し、部下の未来をイメージして計画を立てるなどということがなかなかできません。育てなければと思いながら、結果として育てるための努力をしていないのです。

このような部下の育成を〝消極的に〟サボタージュするだけでなく、中には部下に対して脅威を感じ、育つチャンスを潰している上司もいます。

たとえば他の上司からその部下について尋ねられた時に、

「まだまだですね」

などといったネガティブな評価をしてしまうのは、部下の成長、自分を越えていくことを恐れての心の表れです。

また中には部下に対していつまでも偉そうにしていたい、「上司でいること」に自分の存在価値を置いている、あるいは無意識のうちに「自分は偉い」という幻想にとらわれている人もいます。そうした人たちは部下が頭角を表し始めると、あら探しを始めてダメ出しをします。

「10年早い！」「まだまだだ！」

部下を思っての発言ではありません。できる部下を見て反射的に頭を抑えようとしているのです。上司に頭を抑えられれば部下のモチベーションは下がります。

さらに、部下を自分の所有物のように考える上司もいます。そんな上司はチームの業績を上げるために、部下を〝手駒〟のように使います。そして自分の期待に応えられなければ、すぐに「能力がない」という断を下します。言語道断です。

こうした上司に共通する勘違いは、チームの生産性を上げるには本気で部下を育てる必要があるということがわかっていないのです。

上司であるあなたは一度自問してみてください。

「部下が自分より優秀だと思いたくない」「部下は自分の所有物」——。

こんなふうには思っていませんか。もし思っているとすれば、あなたは部下を教えることはできないし、部下も育ちません。

▼部下は会社の未来をつくる財産

以前、私の部下だった男性です。彼はプレイヤーとして非常に優秀で、営業職として抜群の成果をあげました。そして30代前半でマネジャーとなり、5人の部下を持つ上司となりました。ところが、部下が1人去り、2人去っていきます。なぜだろうとみていると、彼は部下に対して、批判し、責めるのです。「なぜできないんだ」「こんなこともできないのか。信じられない」「いいかげんにしろ」——。

部下は一生懸命やっています。しかし彼は、言うことを聞きません。そうこうしているうちに、ついに3人目の部下が辞めました。私は何度も彼に注意しました。もっと部下の話を聞いてほしい。もっと部下の言うことを理解してあげてほしい。そんなに急ぐ必要はない。君は君でよくやっている。ただし自分ができるからといって、部下ができるとは限らない。自分がすることと、部下ができることとは違う…。

しかし彼は、言葉ではわかったと言うものの同じことを繰り返します。結局、彼から部下をすべてはずしました。部下は、上司の所有物ではありません。会社の財産です。会社としては、会社の未来をつくるべき財産を上司に預けているわけです。育ててほしい、育ててくださいと預けているのです。その上司が、部下を育てていなければ、それ以上、彼に預けることはできません。

繰り返します。上司の仕事は何か。それは自分よりも優秀な人材を育てて、組織の発展に貢献することです。

「本気で部下を育てる気持ちがあるのか」――。

ティーチングにとってまず重要になるのが、教える側のこのマインドなのです。

教える立場の人間が持つべき3つの心構えとは?

――それだけの覚悟と意識改革、そして結果が必要

あなたが教える立場になった時、忘れてはならない心構えが3つあります。

・「教えること」に対するコミットメント(＝責任)を持つ
・部下を主役と考える
・部下が結果を出す

それぞれもう少し詳しく解説しましょう。

▼「話好きの教え下手」になっていないか

まず、「教えること」に対するコミットメントです。

なぜこのようなことを書くかというと、教えるということにはそれだけの覚悟と労力がともなうからです。

読者の中には「佐藤はプロだからあたりまえ」と思われる方もいるかもしれません

❖教える側が持つべき3つの心構え

- 教えることについての決意と責任を持つ
- 教えらえる側が主役と考える
- 教えた相手の目的を達成する

が、たとえ教育のプロでなくても親が子供を教える、先輩が後輩を教える、上司が部下を教えるとなったとき、本当によい結果を望むのであれば、教えることに対するコミットメントが必要になるからです。

私は「話好きの教え下手」「教え魔の説明下手」という人たちを知っています。彼らは知識もあり、親切で、話好きなのですが、話す内容がわかりにくいのです。

彼ら自身はよくわかっているようなのですが、聞けば聞くほどわからなくなります。頼んでもいないのに教えてくれることも多く、そのために混乱してしまうこともあります。

なぜ、彼らの話はわかりにくいのでしょう。それは彼らが「教え好き」ではあるけれど、教えることに真剣になっていないからです。「教え魔」なる人たちはどちらかというと自分の知識を披露したい、自慢したいという気持が強いのです。知っていることをすべて開陳しようとします。つまり教えることより、自分の話をしたいことに一生懸命なわけで、これでは教えてもらっている側がわからなくなるのはあたりまえです。

「先生は生徒の成長を喜び、教え魔は知識を自慢する」――。

教えるということはただ知識を話すだけではありません。相手が理解する必要があるのです。それには時間と手間をかけなければなりません。そのために、本当に教え育てるのだというコミットメントがまず必要になるのです。

▼「教える側が偉い」と思っていないか

2番目が部下＝生徒を主役にするという考えです。

上司（＝先生）がどんなに立派で偉くても、教える場では〝教えられる人〟が学び、理解することが重要です。ともすると教える側は〝教えてあげる〟から自分のほうが立場が上と思いがちですが、それは間違いです。

先生と生徒は人間としては対等で、ただ立場が異なるだけです。先生は教えるパートを受け持ち、生徒は学ぶパートを受け持っているのです。もちろん先生は尊敬すべきですが、尊敬することと先生が主役になる、生徒を脇役にすることとは別の話です。

教えられる側が何も理解できずわからないのでは意味がありません。ともすると教える立場のほうが偉いと思い、「なんでこんなこともわからないんだ！」と言う人を見かけますが、これこそ主役と脇役を履き違えているのです。

「わからないのはあなたがわかるように教えていないのだ」というように、教えることについては部下を主役にして、部下がわかるにはどうするかということに力点を置かなければなりません。

▼部下が結果を出さなければ意味はない

３番目は「結果」です。

教えられる側が最終的に結果が出せるようにしなければならないということです。

前項でも書きましたが、上司であるあなたが部下を教えるということは、最終的には自分より優秀な人材を育てることです。そこに至るまでにいろいろなプロセスを積み上げていかなければなりません。

もし、部下が結果を出さないのなら、それは教えているのではなく、「教え魔」と同じように知識を披露しているだけということになります。

column

禁じ手の〝上司目線〟

ある日、上司はクライアントからのクレームに対応するため部下Aを向かわせました。しかし、1時間ほどしてまだ来ていない旨の連絡がクライアントから入ります。部下Aの携帯を呼び出しますが繋がりません。結局、代わりのスタッフを向かわせることになりました。

そして翌日以降、部下Aは出社しませんでした。心配になった上司は、人事を通じてAの家に連絡を取りますが、しばらく帰って来ないとの返事でした。

3日後、Aの妻から上司に電話が入ります。

「みつかりましたか」と上司。

「いえ、みつかりません。でも一度家に来ていただけますか」

怪訝に思いながらも、上司はAの家を訪問します。Aの妻と話していると、隣の部屋に人の気配を感じました。

「もしかすると隣にご主人がいらっしゃるのでは…」

妻は否定しますが、言葉をつづけて、

「でもその襖を開けてみてください」

上司は恐る恐る襖をあけると布団の上にAがいました。その表情は、かつてのAのものではありません。Aは言葉にならない、うめくような声を発しながら、宙をつかむようにして起き上がろうともがきます。途中まで起き上がっては倒れ、また起き上がろうとします。その繰り返しでした。

「元の主人はいません」

上司は言葉を返せませんでした。

「3日前に帰ってきて、もう会社に行きたくないと言ったあと、ずっとあの状態です」

夫が、普段から上司のことを話題にし、いつも怒鳴られているとつらそうにしていた、と妻は話しました。

「もう、あなたに会いたくないと言っていました。そして今はこれです。元の夫に戻してください」

上司は一言もありませんでした。

結局、部下Aは入院治療することになり、会社を辞めることになりました。

上司はこの件で自分でも気づいていなかった自分の一面を知りました。愕然としました。

自分はまじめに会社のために働き、部下を叱咤激励し業績を上げているつもりでした。自分自身も会社からのプレッシャーを受けているので、業績の悪い部下が許せません。憎しみさえもっていました。だから上司として厳しく指導するつもりでAにあたったのです。自分の中ではそれが正義でした。ただし、その正義を行使するにあたって、Aの立場に立って考えることは一度もありませんでした。すべて自分の〝ものさし〟で判断しました。

結果として一人の人間を破壊してしまいました。それは冷静になって考えるととても恐ろしいことで、自分がその実行者であることにたじろぐばかりでした。

このような指導法は〝ボス・マネジメント〟といわれ、過去の指導法であるはずですが、ビジネスの現場では今なお主流となっています。

ボス・マネジメントの特徴は次のようなものです。

「上司は部下を駆り立てる」
「上司は権威に依存する」
「上司は方法・情報を独占する」
「上司は責任を追求する」

ボス・マネジメントに対して後で紹介する〝選択理論〟にもとづくマネジメントが〝リードマネジメント〟です。考え方を紹介すると、以下のとおりです。

「上司は導く」
「上司は確信を育む」
「上司は情熱を生み出す」
「上司は仕事を興味深いものにする」

「上司は方向を示す」

上司＝教師と置き換えてみれば、いずれも〝教える側〟が心がけなければならないことでしょう。

上司は部下より仕事ができてあたりまえです。上司が部下より知っていてあたりまえです。上司が常に自分の目の高さでしか見なかったら、部下のことはわかりません。部下のことがわからなければ〝教えること〟も不可能です。〝わからないことがわかるから教えられる〟のです。

繰り返しますが、教えることに上下はありません。むしろ上司＝教師は謙虚であるべきです。部下がいるからこそ、上司としての存在価値があるのです。部下＝生徒から学ぶ姿勢を忘れてはいけません。

部下指導のためだけの時間をとっているか

――1日10分でもそれだけの時間を作る

前項で教えるにあたって必要な「決意」について述べましたが、それを実行する際に必要なのが「時間と労力」です。あなたは部下を教えるための時間を、どれだけとっているでしょうか。実はそうした時間をとっている上司は意外と少ないのです。部下のための時間（＝教えることについて）とは次のようなものです。

① 学習プランニングの立案
② 学習活動と経過の把握
③ 部下との打ち合わせ
④ 部下へのクリニック
⑤ 部下のことを考える時間

①学習プランニングの立案

学校教育におけるカリキュラムのようなものです。その職場、その仕事において、どんな知識、技術が必要なのか部下にはわかりません。したがって部下のために「何を、どのようなスケジュールで取得するか」のプランニングをしてあげるのです。

②学習活動と経過の把握

学習プランニングにもとづいていて実際の学習活動を行います。自ら教えることもあれば、必要な知識や技術を持つ先輩や外部講師などに依頼することもあるでしょう。同時に学習の経過を把握します。

③部下との打ち合わせ

部下の知識・スキル習得の状況や要望、仕事の進捗、悩みなどについて相談、打ち合わせをします。

④部下へのクリニック

部下へのクリニックについては、仕事に対する打ち合わせとは別に、定期的に時間をとります。部下は仕事をしていくなかで、さまざまなメンタルなプレッシャーや悩みを抱えるものです。時に落ち込んでいることもあるかもしれません。それらを解決するのが、このクリニックの時間です。部下の現在の気持ち、仕事に対する意欲、モチベーション、将来への見通し、あるいは自分に対する意義づけなどなど。ここで大事なことは、部下の気持ちを受け取る、聞くということです。

部下が何か話をするときには、上司にわかってほしい現在の心境、気持ちが必ずあるはずです。そこを受け取ってあげるのです。人は気持ちを聞いてもらうだけで楽になれます。そして、やる気を増していくものです。

ところが部下はなかなか自分の本当の気持ちを話してくれません。それは今の自分の苦しい気持ちや心境を言ってしまうと、上司に迷惑をかけるのではないか、という気持ちにとらわれているからです。一人で悩み、一人で苦しむということが、ここから起きます。

ですから、部下へのクリニックの時間を定期的にとって、部下の気持ちをしっかりと受け止め、部下を承認しましょう。

⑤部下のことを考える時間

部下の指導、学習について効果的かを考える時間です。

部下を教え育むための時間を意図的にとることはなかなか難しいかもしれません。ここで私が提案したいのは、一人冷静になって、どうしたら部下はもっと育つかを考える時間を取ることです。1日に10分なのか、1週間に1時間なのかを定めて、その時間は部下のことを考えるためだけにあてるのです。

なお、その時間に特にしてもらいたいのが、部下のほめるところを探すことです。といっても必ずほめるわけではなくて、その視点で部下を見るということです。企画書や書類などへの意見や指摘も、普段は単にダメ出しですませているでしょうから、この時間には赤ペン先生のように「教育的視点」でチェックしてあげましょう（なお、効果的な「ほめ方」については3章で詳述します）。

なぜ何回言っても部下にはわからないのか

――「言っているだけ」では教えたことにならない

▼部下の状態やレベルに合わせた教え方をする

教えるときには、ただ伝えるだけでなく「教え込む」ことが必要です。「教え込む」というのは知識の伝聞だけでなく、相手が「理解する」さらに言えば「腑に落ちる」ということです。

上司の中には、「何度も何度も同じことを言わせるな」あるいは「100回も同じことを言わせるのか！」と、叱責する人もいるでしょう。

何度聞いてもわからない部下に問題がないとは言えませんが、何度言ってもわからせられない上司にも問題があると言えます。

教えるには相手の状態やレベルに合わせた教え方、言い方があるのです。

「1を聞いたら10理解する」ということは望むだけ無駄で、「10を言っても1つわかる」くらいに思っておきましょう。

あるいは「10言って1つわからなくても、20言えば1つぐらいわかる」というように、教えるのには、とにかく時間がかかります。何度も述べるように〝教える〟のはテクニックよりもまず決意と根気です。

「部下は育たなければならないが、育てる責任はあなたにある」のです。

100回言ってもわからないとすれば、それはあなたに責任があるということです。何回言ってもわからないということは、部下は根本的にわかっていない、腑に落ちていないのです。だから繰り返し同じ過ちをしてしまうのです。

「教える」と言いながら、あなたは部下に言いっぱなしにしていませんか。部下がわかるまで、納得するまで話をしていないうちは、教えたうちに入らないのです。

「何回教えてもわからない」と嘆く上司がいますが、私は「その何回とは、きちんと教えた何回ですか?」と尋ねたい。むしろ、教えているつもりでただ「言っているだけ」の場合が多いのではないでしょうか。

〝言っていること〟は〝教えていること〟とまったく別のことです。教えるということは相手に理解させる、納得させる、腑に落とさせることです。

多くの上司は教えているつもりで〝言いっぱなし〟が多いようです。

▼本当に教えることは〝行間〟にある

一方、わからない人によくあることですが、わからない人は「わからないことがわからない」という人が多いようです。だから、何回聞いてもわからないのです。

たとえば個人情報保護法を覚えさせようとしたときに、何を教えたらよいでしょうか。条文を覚えさせても、それでは理解したことになりません。丸暗記ではいつか忘れてしまいます。事例を教えることも重要ですが、事例だけでは事例にないことについての判断ができません。

重要なのは、その法律の精神とか、何のためにその法律があるのかまでを理解させることです。これは条文だけではわからず、多様な知識を下敷きにして行間を読み取らなければなりません。

個人情報保護法について部下からこんな質問を受けました。

「なぜ知らない人の顔を写してはいけないんですか？　宣伝になるからいいんじゃないですか」

彼自身の判断としてそう思ったのでしょう。しかし、宣伝になるのは会社であって撮影された本人ではありません。

個人情報保護法の理念は、その情報の持ち主である個人の利益を損なわないためにあるのです。そこで次のように答えました。

「たとえば、このセミナーに来ている人にはいろいろな立場の人たちがいる。中には密かに勉強しようとして来ていて、それを知られたくない人もいるだろう。そうした事情はその人個人の〝情報〟だ。〝誰が、いつ、どこで、何をしたか〟は、まさに個人情報として守られるもの。だから勝手に写真をとってアップするのは許されないんだよ」

条文や事例は明文化されていますが、精神や理念となると明文化されていなかったり、わかりづらかったりします。しかし実はその部分こそ〝教えるべきこと〟であり、〝学んで貰いたいところ〟なのです。

●吉田松陰・教える人学ぶ人の心構え

妄《みだ》りに人の師となるべからず。又妄りに人を師とすべからず。

『講孟箚記《こうもうさっき》』

久坂玄瑞、高杉晋作、吉田稔麿など、明治維新で活躍した多くの人物に影響を与えた教育者でしたが、一方で、自ら海外密航を図り、幕府重役の暗殺を企画するなど実践者でもありました。

『講孟箚記』は、密航に失敗した松蔭が投獄されているときに、獄中で囚人たちに「孟子」を講義したものです。このとき松蔭はわずか24歳でしたが、囚人たちは師と仰いだといわれています。後に講義を行った松下村塾では、松蔭は師として教えるだけではなく「共に学ぼう」とする共学の姿勢を通しました。

この言葉は「人の師となる以上は気軽になるべきではなく、自らがきちんと学んだうえで師になりなさい。また、学ぶ側も師を選びなさい」と説いています。松蔭にとって学ぶということは命がけのことでした。

1章

「部下を教える」ということの意味

なぜ新人にはコーチングよりティーチングなのか

――基礎固めはティーチング、能力を高めるコーチング

▼新人は知識と技術をひたすら習得するだけ

社員教育では〝コーチング〟という手法が利用されてきました。コーチングはある程度の知識やスキル、マインドなどの下地ができている相手が対象で、それをベースにより能力を伸ばしていくための手法です。

しかし、社会人であっても、新人はもちろん転職や配置転換した人など、新しい職場で必要とされる知識やスキルがまだ不十分な人がいます。そのような人に、いくらコーチングをほどこしても、なかなか成果はあがりません。こうした場合はコーチングの前段階であるティーチングが必要になるわけです。

ティーチングは、学校の先生が生徒に教えるように、上司が部下に対し「知識」や「技術」を教えこむことです。また問題に対する考え方や答えを部下に伝え、学び取らせます。ただ学校とは違い、職場で求められる知識・技術の内容は多岐にわたりますか

ら、一人の上司がすべてを教える必要はなく、自分に代わって教える別の上司がいてもいいのです。ただし、教えるべきこと、学ばせるべきことはしっかり把握していなければなりません。

本書はコーチングの前段階として行われるティーチングをテーマとしていますが、ここでティーチングとコーチングの違いについてまとめておきます。

ティーチングは、基本的な知識や技術を習得させることを目的としているため、その方法は教える側から教えられる側へのワンウェイコミュニケーションになります。まずは言葉を使って、場合によっては映像などの教材、さらにはシミュレーションやＯＪＴ、ロールプレイングといった手法を使って知識と技術を〝脳〟と〝身体〟に習得させます。生徒の多寡に関係なく同様に、同程度の内容を教えます。生徒は頭でも身体でもひたすら〝記憶していく〟ことが求められます。

これに対してコーチングのポイントは、一人ひとりのポテンシャル＝能力、自信、やる気、自発性などを引き出すところにあります。すなわち、相手の中に答えがあるというのが大前提です。本人も気づいていないかもしれないその答えを、引き出すのです。

もう少し具体的に言えば、ある程度仕事ができるようになり、「この場合どうしたらいいのか」「どうしたら成果が出るのか」「どのようにしたらもっと良い結果になるか」など、本人が答えを持っていることを前提にします。したがってコーチングは先生と生徒、上司と部下の間で「質問」「傾聴」「承認」が行われる、ツーウェイコミュニケーションになります。

またコーチングは基本的に一対一で行われます。大勢を前にした場合は、最終的には、その中の一人ひとりに対して個別に行うことになります。

ティーチングとコーチングの違いを一言で表すと「ティーチングは教えこむこと」であり、「コーチングは引き出すこと」といえるでしょう。

まずはティーチングで基礎を固め、さらにコーチングで能力を高めていくという流れです。

ティーチングとコーチングの違い

ティーチングの特徴

- 上司(先生)が持っている知識・技術を部下へ教える
- 一度に同じ知識・技術を多数に教えることができる
- 上司から部下へのワンウェイコミュニケーション
- モチベーションを高めるために工夫を要す
- 上司が部下を管理監督し育成する

コーチングの特徴

- 上司は部下に必要とされる知識・技術を示す
- 上司は部下の知識・技術習得を支援する
- ツーウェイコミュニケーションにより部下を把握する
- 部下が自らモチベーションを高められるような工夫をする

どんなレベルに達するまで新人を育てるのか

——その会社で「一人前」と認められるまで教え続ける

▼「一人前」のイメージは上司が作る

新人を教えるということは、その会社で担当する仕事を一人前にこなせるように育てることです。「一人前」というのは、他の人の手を借りずに自己完結的に仕事ができることです。つまり、自分で考え、自分で課題を作り、自分で行動し、自分で結果を出すことができるようになって、初めて「一人前」と認められるのです。

「一人前」の具体的な基準は、それぞれの会社や、業種・職種によって異なるでしょう。たとえば、職人の世界でいえば鰻職人になるには「串打ち3年、裂き8年、焼きは一生」。独り立ちの刀工になるには都合10年の修行が必要と言います。営業の会社だったら販売する商品や販売先、たとえば国内向けか海外向けか、そして商品の種類によって学ぶべきことや取得する資格、経験すべきことが異なり、一人前になるプロセスと一人前と言われる人のありようは様々です。

実際に新人を教える前に確認すべきことは、自分の会社における「一人前とは何か」を見極めることです。

これは部下を預かり、指導＝教えることになった上司であるあなたがきちんとした「一人前のイメージ」を持つ必要があります。そして、そのイメージにもとづいて部下をどのように育てるかを考えなければなりません。「どのように」とは、1年後、2年後、3年後と部下が一人前に育っていくまでのイメージです。

会社によっては、社員のグレードや職務によってこなすべき業務の内容やレベルが設定されています。「営業1年目であれば単独営業で売上げはこれだけ」「5年目でサブリーダーならスタッフを5人使って売上げはこれだけ」などです。

▼会社の基準とプロセスの間を埋めるものを教える

しかし、もっとも身近にいて部下を教えるあなたは、教師として会社の基準を眺めているだけではだめです。会社の要求する基準を満たすために、あなたなりのイメージを持つ必要があるのです。つまり「単独の営業で売上げはこれだけ」というのは結果であって、それを生み出すためには「どういうことを学んで、何ができるようになっていなければならないか」あるいは「単独営業に必要なスキルや知識は？」――などです。会社の基準は必要条件でしかありません。本当の一人前になるには必要条件を備えたうえで、結果を残せて初めて「一人前」といえるからです。

その必要条件と結果の間にある「何か」こそ、先輩であり上司であるあなたが教えられるものです。

何を教えるかをイメージする手助けとなるのが、あなたの経験です。過去を振り返り、あなたが経験してきた失敗も成功も含めて1年目はどうだったか、2年目はどうだったかを思い浮かべながら「何を学び」「何を経験するか」を組み立てていくのです。そのイメージを示してあげるのが、あなたが部下に教えてあげる最初の教えになります。

私が34歳でトレーナーに指名されたばかりの頃です。上司から指示されたゴールは、先輩講師の研修をテープに録音して、一言一句、正確に文字起こしをすることでした。文字に起こしたら、次に丸暗記します。何度も何度もひたすら書き写して暗記をするのです。暗記したら今度は声を出して諳んじるのです。

1年目は徹底してこれを繰り返すことを求められました。自ら文字起こしをすることで、手がだんだんと覚えます。「なんでここはこういう言い回しなのだろう」「なんで、ここでこういう質問をするのだろう」――。参加者のやる気を引き出すには、主体性を引き出すにはこうするのかと、手が覚えてくれます。

同時に書くことで頭も覚えます。そして諳んじることで身体でも覚えていきます。そのようにして自然と、人前で話すときの構造がだんだんだんだんとわかってくるのです。

当時のトレーナーの1年目の基準は先輩講師の研修を身体で覚え、簡単な実習ができるようになるというものでした。単に言葉で言われただけなら、その本当の意味を知ることはできなかったでしょう。手で覚え、頭で覚え、身体で覚えることでその意味を本当に理解したのです。上司が新人に教えることは、会社が定めた基準に達するための具体的なノウハウなのです。

なお、身体で覚えるというのは、当時の私の会社における伝統的なやり方でした。先輩講師の体験が、引き継がれていたのです。このやり方を、私はいまでも新人講師の教育に使っています。

column

修行の3段階「守・破・離」

歌舞伎など日本の芸道では弟子の修行の段階を「守・破・離」という言葉で表します。ティーチングとコーチングについてもこの考え方が使えるので、少し解説しましょう。

「守」は修行の第1段階で、弟子はひたすら師の教えを守り、師を真似て、師に近づこうと修行します。「学ぶ」は「真似る」を意味するといいますが、まさにこの段階になります。

第2段階の「破」では、弟子は師匠から学んだ知識、技術を元に、自分なりの工夫をしてアレンジをしていきます。独り立ちのスタートです。

最終段階が「離」で、師匠から受け継いだもの、自分で工夫したものを合わせて新しい境地を切り開くことになります。これをビジネスの新人育成にあてはめると、次のようになります。

第1段階　「守」＝ティーチング――知識・スキルの吸収時期。座学やOJTなどのワンウェイコミュニケーションで一方的に教えていく。

第2段階　「破」＝コーチング――知識・スキルの応用時期。上司は部下の話を聞きながら仕事の進め方や問題解決の方向を示す。

第3段階　「離」＝エンパートメント（権限移譲）――知識・スキルの活用時期。上司は部下に権限移譲を行い、部下は権限を持って自主的に業務を行う。

教える側はこの3つの段階で、いま部下がどこにいるかを把握していなければなりません。知識・スキルが十分でないのにコーチングを始めても部下は戸惑いのほうが多くなるでしょう。また、知識・スキルは必要に達しているのに、いつまでもティーチングの段階にとどめていては部下の成長はありません。

さらに、スキル・技術も十分で、業務の遂行も可能であるにもかかわらず、上司が事細かに指示指導していてエンパートメントが行われないと、部下の成長を妨げることになります。このエンパートメントのタイミングを見極められない上司が非常に多いようです。

これは、上司が〝教える〟ということをきちんとしていないためです。部下の成長の段階を理解していないのです。プロローグでも述べた「追い越されるのが怖い」「自分のポジションがなくなる」といった自分勝手な理由でエンパートメントすることができなくなっているのです。本当にエンパートメントを行える部下を育てれば、上司自身にメリットがあることはいうまでもありません。

上司は教えることから始まって権限移譲するまでを一つの流れとして捉え、部下がいまどの段階にいるのかを理解しながら、その時期に合わせた教え方を実行していく必要があります。

部下のレベルに応じた教え方をするには?

——人材マトリックスで部下の現状を知る

▼現状がわかれば到達目標が設定できる

部下を一人前の人材に育てるために、まず「人材」とはどういうものかについて理解しましょう。次ページ図は私が使っている人材のマトリックスです。

①　知識・スキルがありモチベーションが高い
②　知識・スキルは低いがモチベーションは高い→新人
③　知識・スキルは高いがモチベーションが低い→定年間際の社員
④　知識・スキルが低くてモチベーションも低い→問題外

②がいわゆる新人(=若手)です。知識とスキルは不足していますが、これからの仕事に対して情熱と希望をもっています。「情熱と希望」とはモチベーションのことです。

❖4つの人材マトリックス図

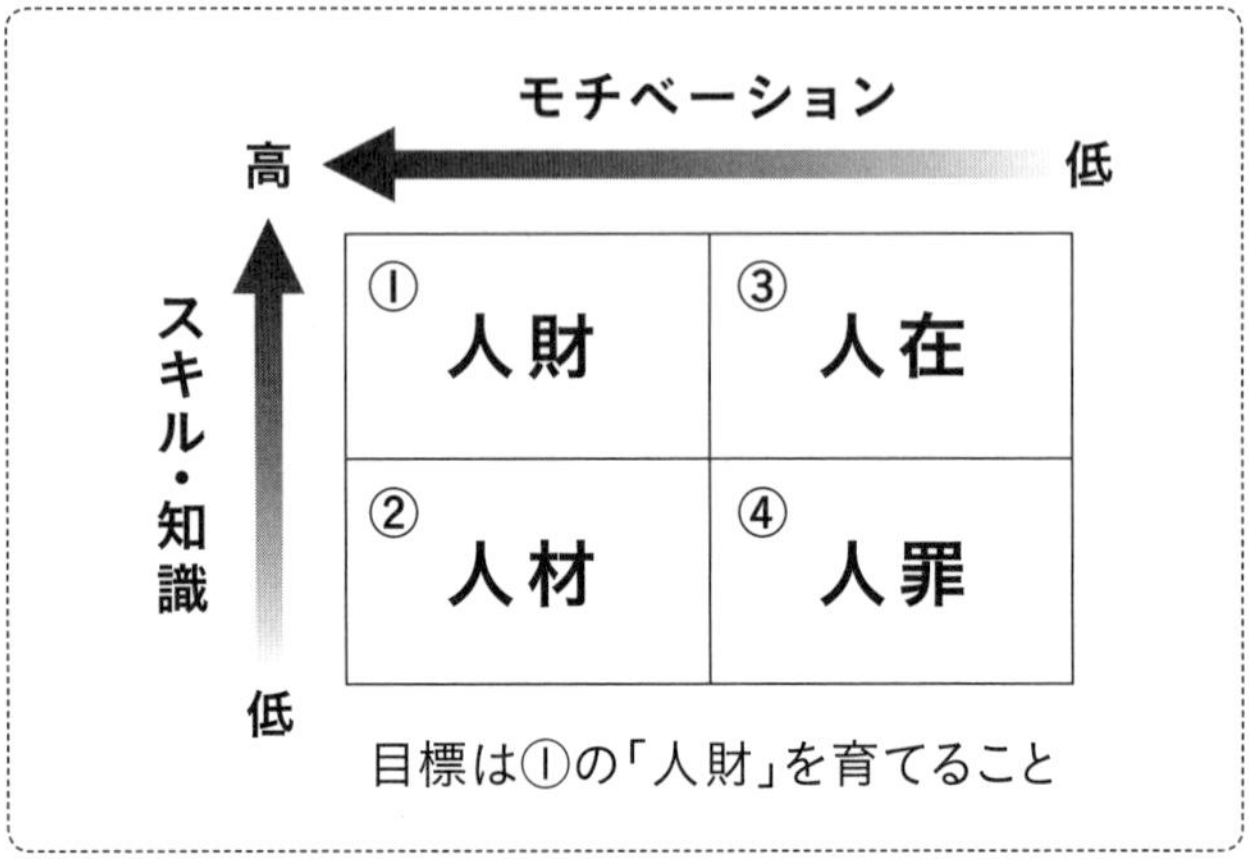

そんな新人に対し上司が行う教えとは、モチベーションを維持し、さらにより高めながら、知識とスキルの向上と育成を図ることを言います。

③は、大ベテランや、定年間際の社員に見られる傾向です。知識・スキルは十分なのですが、モチベーションが低くなります。最近では「部下」といっても、かならずしも若手とは限りません。自分より年齢が上で、知識やスキルも上である場合も少なくありません。

プロローグで「教える側」と「教えられる側」は役割分担であると述べました。実は上司と部下も役割分担なのです。上司は役割としてチームの「マネジメント」を行い、チームの知識・スキルの向上を担うわけです。偉い・偉くないではないのです。自分より年上でキャリアのある部下に対して、かつてのように〝上司＝偉い〟という意識で接してはチームをマネジメントすることなど難しいでしょう。〝上司はマネジメントの専門家〟としてチームをリードしているのだということを、自分も部下も理解しておくことが必要です。

④は、もっとも困ったタイプで、こうした部下には後述するマインド＝モチベーションを高めることで考え方を変え、行動を変え、結果を出すようにします。

人材とは①のようにスキル、技術がありモチベーションも高いスタッフのことですから、上司としては部下が②〜④のどの部分に当てはまるのかを見極めて、それに対応した「教え」をしていく必要があります。

なお、部下を一人前にするためには、一人前のイメージをあなたと部下が持つことから始まります。具体的な例でお話ししましょう。私が務めている会社（アチーブメント）の営業スタッフの到達目標（＝一人前のイメージ）は以下のとおりです。

1年目　上司の同行なしに成約まで話をまとめられる。相手のクライアントは、自分と同年代ぐらい。商品を説明し信頼を得ることができる。

2年目 管理職レベルのお客さまに対してもきちんとプレゼンテーションを行い、成約まで話をまとめることができる。

5年目 経営者を相手にして商談を進めることができ、また一対一だけではなくマスプレゼンテーションも行うことができる。

アチーブメントの場合は、研修という「人を育てる商品」を営業しているので、導入の可否を判断するクライアントの年齢やポジションが重要になります。営業スタッフが、どこまでのポジションや年齢のクライアントに対して話ができ、プレゼンテーションを行い、信頼されるかということです。どういうクライアントに対して〝結果〟を出すことができたかで、そのスタッフがもっている知識、スキル、モチベーションを評価するのです。

これが、マネジャークラスになれば、会社の業務内容に合わせて以下のような目標設定が必要になります。

マネジャー・ランク1　5人程度のマネジメントができる。
マネジャー・ランク2　10人程度のマネジメントができる。
マネジャー・ランク3　20人程度のマネジメントができる。

ここで肝心なことは、こうしたイメージ＝基準を、教えられる側、育てられる側と共有することです。

一般にはグレード制と呼ばれるもので、入社1年目、2年目、3年目と決めて、それを社員にも目標として認識させ、さらにはそれをクリアするには何をどうすればいいかを教えます。

会社に短期・中期・長期と目標があるように、個人にも5年、10年の長い目標と2年目、3年目といった短い期間の目標を明確に示すとわかりやすいでしょう。その会社のことを知っているのは上司のあなたですから、人材になるまでのプロセスを示す役目があるのです。

どんな変化が起きたら部下を教えたといえるのか

――部下に4つの変化があって初めて成果が出たことになる

▼自ら変わろうという情報を与える

上司は教えることを通じて部下を変えようとします。そして部下が変わらなければ「ダメ出し」をだし、批判することになります。

相手の意志にかかわらず、こちらの意志や行為で人を変えようとすることは、選択理論では「外的コントロール」といいます。外的コントロールに使われる手段には言葉や高圧的な態度、相手の処遇などがありますが、相手に効果が表れないとどんどんエスカレートする傾向があります。

最近、学校やアマチュアスポーツの世界で「体罰という指導」や「レギュラーから外すという叱咤」が問題になっていますが、これも外的コントロールの最たるものです。

なぜ外的コントロールが行われるのでしょう。これは相手が変わらないのは相手に「やる気がない」「怠けている」と教える側が思い、それを力でやらせようとするからです。これは自分を中心としたもののとらえかたで、相手は永久に学ぶ気にはならないし、良い結果を得ることもできません。教える側に立つあなたの肝に命じておいてほしいのは、次の言葉です。

「人を変えることはできない。人は自ら決意したときでなければ変わらない」

次のように言い換えることもできます。

「人は、自ら変わりたいという欲求が生まれた時にだけ変わる」

したがって、教える側は、相手が自ら変わろうと思うような関わり方や、情報を与えなければなりません。

▼「教える」とは4つの変化を与えること

ここから「教える」ということはどういうことか、何を教えるのか、を具体的に述べていきましょう。私は次の4つの変化を与えることがその本質だと考えています。

・考え方が変わる
・行動が変わる
・主体的になる

・結果が変わる

〈考え方が変わる〉

部下が育つということは、部下の「考え方」が変わるということです。たとえば「できない」という考え方から「できる」に変わる。「誰かのせい」という考え方から「自分にできることは」に変わるなど。考え方が変われば行動も変わり、結果が変わります。考え方が変わるということは、「育つ」ということの第一歩であり、上司はまず部下の「考え方」の変化をつくり出すことにフォーカスをあてる必要があります。

〈行動が変わる〉

考えが変われば、それにもとづいて行動が変わってきます。変化した自分の考えにもとづいてそれを実践したくなるのです。

〈主体的になる〉

人は自分の考え方が定まり、行動するためには、必然的に自主的、主体的になっていきます。

〈結果が変わる〉

たとえば、私の息子が受験のために塾に通いました。ところがなかなか結果が出ません。塾の目的は大学に合格するためと、きわめて明確です。結果が出ないということは、塾に問題があるのではないかと思いました。息子の勉強の姿勢にも問題があったのかもしれませんが、親ばかなのでしょうか塾を変えてみました。すると結果が出ました。もちろん先の塾でも結果を出したお子さんたちは大勢いたでしょうが、私の息子には合わなかった。ですから息子は、代わった塾から何かを学んだ、教えられたわけです。

仕事であなたが新人を教えるなら、右で述べたように新人の考え方、行動、主体性が変わり、最終的に結果が残せて初めてあなたは部下を「教えた」といえるのです。もし部下が営業成績をあげるなどのきちんとした成果をあげられなければ、あなたは教えたことになりません。教えるということは、それくらいの覚悟が必要なのです。

上司が部下に教えるもっとも重要なものとは？

――知識・技術よりもマインドを重視する

前項で述べた教えることの本質に引き続き、この項以降で何を教えるのかについて触れていきましょう。普通、教えるというときに対象となるのは、次の3つです。

・マインド
・知識
・技術

わかりやすいのは知識と技術でしょう。経理の知識、パソコンの知識、あるいは機械を操作する技術、プロジェクトを管理する知識と技術などです。しかし、その前提として上司が部下に教えるべき重要なものがマインドだと私は考えます。

マインドというと抽象的ですが、具体的にいうとモチベーションであり、目的であり、意義であり、勇気です。

上司が教える3つのもの

モチベーションはこれまでもたびたび登場し、モチベーションを高めることが重要であると述べて来ました。すると「モチベーションは高めるものであって教えるものではない」と、言われるかもしれませんが、これは「モチベーションを高めるための知識と技術を教えなければならない」ということです。ただ「頑張れ、頑張れ」だけではモチベーションは高まるものではなく、それには工夫が必要だということです。

モチベーションを含むマインドの詳細については後述しますが、この「マインド教育」こそが教えの第一歩として欠くことのできないものなのです。マインドをしっかりつくり上げることができれば、知識と技術は自ずと身につくといえるでしょう。

たとえば学校教育の現場では子どもたちに興味をもたせることを重要視しています。授業のうまい先生は、わかりやすい説明はもちろんですが、まず授業の内容に興味をもたせることに長けています。

私たち企業研修のプロが留意するのもこの点です。どのようにして受講生の興味と関心を高めることができるか、です。落語の世界でも話の振りといって、小話で笑いの下地、話を聞く気持ちにさせますが、理屈は同じです。

この聞こうという気持がモチベーションの〝芽〟のようなもので、研修講師はこの芽を大きく育てなければなりません。その意味で、マインドは、教える側が最初に〝教えるもの〟といえます。

教えの経験のあまりない人は、マインド抜きで、いきなり本題に入るので失敗するのです。

私たちプロは、マインドすなわち「モチベーション、目的、意義、勇気」を知識、技術とともに教えていくことをこころがけているのです。

「マインドを教える」とは具体的に何を教えるのか

——目的・モチベーション・意義・勇気の4つ

前項で述べたように、上司が教えるもっとも重要なものがマインドですが、この項ではその中身を見ていきましょう。

①目的を持たせる

部下を教えるということは結果を出すことです。結果を出すためには部下に学ばせ続けなければならず、学ばせ続けるためにはモチベーションを高く維持しなければなりません。

モチベーションを高く維持するためには、目的を設定する必要があります。目的がないモチベーションはとても不安定です。ちょっとした障壁も乗り越えることができません。したがって、上司が最初に教えるべきマインドは〝目的を明確に持とう〟ということです。

目的とは「誰のために」「何のために」その仕事をするのかということです。「なぜ」

それをするのかと言い換えてもよいでしょう。

この目的は、後述する選択理論による〝基本的欲求〟に結びつけて理解する必要があります。基本的欲求と結びついていれば、モチベーションを高めやすいからです。

多くの人は目的とは何かがわからないか、その重要性を理解していません。上司はこの点を教えなければなりません。

多くの人が「目的」と言っていることのほとんどは〝願望〟であることが多いようですが、願望（作り出す結果）は目的の一部です。もちろん、新人の場合は、会社の具体的な業務がわかっていませんから、目的を描ききれないのはやむを得ません。

目的にはその仕事内容、作り出す結果、お客様にどのような価値を与えるかなど、会社、顧客、商品について十分理解していることが必要です。上司は部下の仕事に対する「目的」を明確にするサポートをしなければなりません。

②モチベーションに火をつける

心理学の選択理論によれば、モチベーションの本質は、「生存の欲求」「愛・所属の欲求」「力の欲求」「自由の欲求」「楽しみの欲求」という5つの基本的欲求によって高め

❖ モチベーションのもとになる人間の5つの基本的欲求

〈生存の欲求〉

食欲・睡眠欲・性欲などの欲求です。関連する人間的な傾向としては、穏やかな生活を望むという安全・安定の傾向、規則正しい生活で健やかな日常を過ごしたいという健康の傾向などがあります。

〈愛・所属の欲求〉

愛し愛されたい、誰かと一緒にいたい、仲間と行動を共にしたいという、人との関係における欲求です。関連する傾向としては、交友の幅ではなく深い関わりを望む愛の傾向、逆に広く人と交わり、仲間とともに何かをする所属の傾向があります。

〈力の欲求〉

欲しい物を手に入れたい、注目を浴びたい、貢献したい、人に勝ちたいという欲求です。関連する傾向としては、目標を成し遂げたいという達成の傾向、人から認められたいという承認の傾向、物事に進んで取り組むという貢献の傾向、他人や自分に勝ちたいとする競争の傾向などがあります。

〈自由の欲求〉

人に束縛されたくない、自分の思い通りにしたいとする欲求です。関連する傾向としては、人の命令や、時間・規則に縛られたくないという解放の傾向、現状に満足しない変化の傾向、自分らしくありたいとする自己自律の傾向などがあります。

〈楽しみの欲求〉

好奇心や遊び、新しい知識獲得の欲求です。関連する傾向としては、いろいろ楽しみたいというユーモアの傾向、チャレンジを好む好奇心の傾向、能力の向上に励む学習・成長の傾向、創造的活動をしたいという創造の傾向などがあります。

注）それぞれの欲求の要素は、柿谷研究室の結果にもとづくものです。

られます。このうち「生存の欲求」は身体的欲求のことで、人間だけでなく動物にもあると考えられていますが、ほかの4つは精神的な欲求で人間独自のものです。それぞれの欲求にはそれにもとづく傾向があります。

上司としては、これらの基本的欲求に対して適切な刺激を与える必要があります。この刺激を私は「モチベーションに火をつける」と言っています。ただし、それが燃え上がるタイミンは人によって様々です。上司は部下をよく観察して理解し、今どのような欲求に刺激を与えればモチベーションに点火できるのか、いつも見極めるようにしてください。

ところが実際は、火をつけるどころか、消火してしまう上司が少なくありません。たとえば興味を引いたアイデアがあるとします。上司は部下に、

「企画書にまとめてみてよ」

と、気軽に指示したとします。しかしそのとき、依頼した企画書の使い方を明確に述べないと、部下のモチベーションを最大限に高めることはできないでしょう。部下にしてみれば、企画書を上司だけが見るのか、それとも会社の上層部まで提案するのか、あ

るいはクライアントに提案するつもりなのか――。目的によって、企画書制作のプロセスやモチベーションが変わってきます。

上司としてはとりあえずまとまった形で見てみたい、というくらいで言っているのかもしれません。上がってきた企画書を見て、もしよければ次の段階で会社やクライアントに提案してみようぐらいに思っているのでしょう。しかし、この「とりあえず」というのは部下にとって目的が見えず、モチベーションの低下を引き起こします。結果として上司であるあなた自身も、よりよい企画書を得ることができなくなるわけです。

③意義を教える

会社では往々にして自分の意図しないことが起こります。仕事の内容もそうですが、その最たるものは人事異動でしょう。思いもよらないところに転属させられたり、経験したことのない部署に配属されたりします

人は、意図しない部署に配属されると「目的とは違う」ということでモチベーションは下がります。そうした場合に上司は、その部署の意義を教える必要があります。

これは多分にコーチングの範疇に入ってきますが、まず部下の目的の根幹を探りま

す。実は目的は幾層にも重なった玉ねぎのようなもので、皮をむいていけばそれとは違う真の目的が表れることがあるからです。

Bさんは、ある製薬会社に就職しました。MRとして仕事をすることを希望していましたが、配属されたのは不動産部門でした。その部門では病院などの不動産を管理しており、直接的にMRのように薬剤に関連するものではありません。

当初は仕事と割りきって勤めに励みましたが、自分の仕事に対しての〝意義〟が見つけられず、モチベーションは低下します。

そんなBさんと話してみると、彼の目的はMRという仕事への思いもありますが、さらに深いところでは人のため、とくに患者さんのために役立ちたいとの気持ちが強いことがわかりました。

製薬会社の不動産部門は、普通の不動産会社とは違って病院や薬品の研究室など、特殊な物件を管理しています。よい病院や研究室を運営することは製薬に必要なことであり、間接的にではありますが製薬に関わっていることになり、結果として患者さんに役に立っています。そうした職場の意義を話すことで、それを目的とできるかどうかを話しました。

その結果、Bさんはもうしばらくやってみるということになりました。Bさんにしてみれば、将来MRの仕事につくとしても、今の仕事が決して無駄ではないという〝意義〟をみいだせたのです。

人はたとえ不本意な仕事であっても、その仕事の意義を本当に理解し、それによって目的を持つことができれば、仕事へのモチベーションを高めることができます。そうした目的を作り、意義を明確にしてあげるのも上司の〝教え〟です。

④勇気を与える

上司が教えるマインドの4つ目は〝勇気〟です。

以前、クライアントからのクレームに悩んで相談に来た部下がいました。対応の大変さを言い募る部下に、

「話はわかるけど、もっと苦しんだほうがいいよ」

とアドバイスしました。

部下はちょっとびっくりしたようです。彼にしてみれば激励か、あるいは〝ひどいクライアントだ〟くらいの同情の言葉を期待したのでしょう。しかし、私には経験からそ

の苦労が必ず彼のためになるとの確信がありました。

こうした時にはコーチングで解決策を本人に見つけ出させますが、ティーチングとして必要なことは、困難には立ち向かわなければならないという〝勇気〟を教えることです。

コーチングでどんなにいい解決策を見つけたとしても実行するのは本人ですから、まず意志＝勇気を教えなければならないのです。解決策は一緒に考えられますが、その苦しみを私が代わることはできないのです。

勇気を学ぶにはトラブルから逃げずに立ち向かっていくしかありません。そして、この向かっていく姿勢を教えるには上司の経験を話すのがもっとも効果的です。

とくに部下に勇気を与えるのは、上司が失敗した経験を語ることです。上司であるあなたも、ここまで来るには過去にさまざまな失敗をしてきたはずです。そして、その失敗をきっと教訓にかえて乗り越えてきたはずです。

私も部下に勇気を与えようという時には、自分の失敗談をすすんで話します。20代は弁護士になりたくて、10年間司法試験に受からなかったことやトレーナーになりたての頃、人前で話してもまったくお客様から評価されなかったこと。そんな自分の苦しかったことや辛かった経験を話します。

しかしそれらの経験が、あとになってみればどれだけ勇気を与えてくれる結果になったか、いかに自分に対して素晴らしい教訓を残してくれたか、なにより過去の失敗の経験やつらい経験が、いかに人として、自分自身を成長させてくれたかを話します。

失敗したり、うまくいかなかったりすると気持ちが萎えてしまい、自信を失ってしまうものです。そういう部下に対して、大局的に、長期のスパンでみると、失敗こそが良い経験なのだとわからせてあげてください。そして本当によい仕事をしようと部下が前進しなければ、そういう壁に突き当たる経験もしないのだということを教えてあげましょう。ここで重要なことは、失敗の話をしたときに、「でも佐藤さんだから乗り越えられたんですよ」と思わせないことです。

次章で述べますが、失敗からのリターンが〝自慢話〟になってはいけないのです。あくまでも部下の目線になって、部下の問題を共有し、その解決のヒントとして自らの失敗を一つの事例をして紹介していくのがよいでしょう。そうすることによって、部下は自分も乗り越えることができるのだという勇気を学ぶことができるのです。

知識や技術を教える際に注意すべき点は？

――文字になっていない会社の不文律、実態なども教えていく

マインドが文字どおり精神的、心の教えだとすれば、実際の業務に必要な教えが知識であり技術です。

こうした知識や技術は会社によって、業務内容によって異なります。本書ではどのような会社にとっても共通項として教えるべき知識と技術をまとめました。

〈知識〉
会社の理念、社史、社則、取扱商品の知識、業務関連法律　など
〈技術〉
業務関連機器操作技術、パソコン操作技術、業務関連書類作成技術　など

右にあげたのは、言ってみれば会社に必要な表《おもて》の知識であり技術です。テキストや法

律書などいわゆる文字にできるものです。

ただし、これで十分ではありません。会社で働くには文章になっていない〝不文律〟のようなものが多く存在します。会社の理念、社史にしても文字になっているのはごく一部で、大部分のそして重要なことは、人に聞くしかない場合が多いものです。

たとえばルールに厳格な会社であれば、社則の運用や関連法の順守に厳格でしょう。しかし「わが社は法律を厳格に守ります」というような社則を持っている企業はないでしょう。運用の実態などは上司や先輩に聞かないとわからないということです。

たとえば休日の考え方も条文だけでは実態がわからない場合があります。同じく「実績重視の会社」「社内協調の会社」なども文字を読むだけでは、実際はわかりません。

こうした、文章の翻訳、つまり実際の運用を含めた説明を教えるのも上司の役目です。

column

選択理論とは

選択理論は、アメリカの精神科医であるウイリアム・グラッサー博士が一965年に発表した心理学の理論です。

従来の心理学では、人がそれまでと違う感情を表したり、行動を起こしたり、また考え方を変えたりする理由について、外部から刺激が加えられた結果であると考えられていました。刺激とは言葉（説得、批判、説教）や行為・行動（命令、強制・強要、体罰）などで、言い換えれば、言葉や行為・行動で「人を変える」ことができると考えられていたのです。

実際、言うことをきかない部下を厳しく指導し、成績の上がらないスタッフには辛辣な批判が加えられ、やる気のない生徒がいたら仮借のない説教などが行われました。

たしかに、説教や強要で、相手が変化することはあります。しかし、それは本当の意味で「変わった」といえるでしょうか。

「変わる」というのは、人が心の底から変わり、その状態が確固としたものとして続いていかなければ意味がありません。説教され、強要されて一時的に変わったとしても、それは「文句を言われないようにしている」だけにすぎません。説教する人、強要する人がいなくなればすぐ元にもどるでしょう。

『北風と太陽』の寓話でいえば北風です。人は、時には強風で上着を飛ばされそうになりながらも、決して放しはしないのです。

●人は自ら選ぶから変われる

こうした「刺激」を選択理論では「外的コントロール」と定義づけています。とかく「人を変える自信がある」と考える上司は「外的コントロール」を行いがちです。「刺激」を与えて部下を変えようとするのです。しかし「刺激」を続けていけば、部下と上司、双方のストレスが高まって、互いの人間関係が壊れるばかりでなく、人間そのものも破壊していくことになりかねません。

問題は、「刺激」がエスカレートする傾向があることです。思いどおりにならないと、厳しさが増していくのです。教育現場で問題になっている「体罰」は、外的コントロールの「刺激」が無意識のうちにエスカレートすることを物語っています。

選択理論の「選択」とは「人は、外からの情報を自分の願望と照らしあわせて選択している」という意味です。つまり、人が変わったのは、外部からの刺激ではなく、「自らの意志で情報を選択した結果」なのです。

「外的コントロール」の刺激も情報の一つですが、与える側の考えや意志が強く働くので、刺激される側にとっては、「選択の余地」がありません。やむを得ずその情報に従っているだけで、変わったわけではないのです。自分を変えられるのは自分自身だけ。つまり、部下を変えられるのは部下だけということです。

では、人は何を変えられるかというと、「自分自身」と「未来」です。

選択理論では人の行動は「思考」「行為」「感情」「生理反応」の4つの要素から成り立ち、それらが人に備わる「5つの基本的欲求」にもとづいて動いていくとしています。詳しい内容はここでは省きますが、人の行動が5つの欲求にもとづくのなら、それを満足させるようにしむければ人＝部下は動くし、変わっていくのです。

選択理論は、発表されて以来、教育、家庭、企業などで人間関係を構築するために活用されてきました。

上司と部下、教師と生徒、親と子など、「情報」を与えるものと、与えられるものの立場が一方通行の場合、ともすると「外的コントロール」になります。選択理論ではこうした場合にこそ、よりよい人間関係をつくるために、「選択できる情報」をきちんと与えることが必要であるとしています。

●近藤内蔵之助・わからないのは師匠が悪い

気質等しからずして遅速ありといえども人に不器用なし。人を取り立てざるは、これ指南の不器用ゆえなるべし。その道正し、教導すべきなり。

『天然理心流・印可』

近藤内蔵之助は、天然理心流を創始した江戸時代の剣術家です。幕末には、新選組の近藤勇や土方歳三、沖田総司などが修行しました。天然理心流は多摩の地で勢力を広げ、数千人の門弟がいたといわれます。その多くは農民で、明治になると多摩の行政官や企業人、民権運動家として活躍しました。

『天然理心流・印可』は、武士ではない人たちにも剣術を教えるための〝指導者の心得〟が書かれています。〝器用だとか、不器用だとかを師匠が言ってはならず、弟子が成長しないのは師匠の責任として考えて、師匠が自ら正さなければならない〟と説きます。結局「百回言ってわからないのは、言っている方が悪い」ということです。

2章

部下から尊敬される上司の心得

熱意と根気をもって教えるために必要なものは？

——愛情をもって教えれば部下は尊敬をもって応える

▼双方の信頼関係があってこそ効果は高まる

プロローグで上司が部下のことを真剣に思い、教えていけば、部下は必ず応えてくれると述べました。また、教えることの本義は自分以上の部下を育てることで、そうした部下を育てることが会社の業務を全うすることになり、優秀な部下に押し上げられるようにして次のポジションが与えられるということも書きました。

こうした上司と部下の関係、教えるものと教えられるものの関係でいえば、今の時代に欠けているのは〝尊敬〟だと思います。教える側が愛情をもって教えれば、教わる側は尊敬をもって応えるともいえるでしょう。教えるには「熱意と根気」が必要ですが、これを「会社の業務だから」という理由だけで継続するのはなかなか難しいでしょう。部下への〝愛情〟が不可欠なのです。そうした愛情に対しては、自然と〝尊敬〟が生まれるのではないでしょうか。

最近の学校では、先生を尊敬するということを教えていないようです。さらに家庭でも、先生を敬えと教えている家はどれくらいあるでしょうか。

小さい頃から先生を尊敬することを知らないので、〝ものを教えてくれる人〟に対する尊敬の気持ちを、大人になってからも持てない人が多くなっています。人を尊敬する習慣がないわけです。教える側と教えられる側の、双方の信頼関係があってこそ「教える」効果は高まり、結果として双方のメリットになるのではないでしょうか。

タイには「ワイクルーの日（師を敬う日）」があります。この日は学校の先生だけでなく、ムエタイや伝統舞踊などの師匠に対しても尊敬を示す日で、祭日として儀式がおこなわれます。

この本の読者の方々は〝教える立場の人〟が多いことでしょう。教える立場としては熱意と根気を注ぐことが必要ですが、その一方でご自身も教わる立場になることもあるかと思います。そんなときには教えてくれる人に〝尊敬〟をもって接してみてはいかがでしょう。もしかしたら〝教える人〟を尊敬しているあなたを見た〝あなたの教え子〟が、尊敬する大切さを学ぶことができるかもしれません。

column

部下を簡単に諦めない

人は自分ができないと思った時でも、自分以上に自分を信じてくれる人がいると、その人のために頑張ることができるものです。「会社のためには頑張れなくても、あの上司のために頑張ろう」ということがよくあるのです。上司から言えば、その人が信じている以上にその人を信じてあげることです。

ある女性マネジャーがいました。彼女は「教える人」として非常に優秀な人でした。何が素晴らしいかというと、社員を決して諦めないからです。悩んでいるスタッフがいると、「あなたは絶対できるから頑張って」と励ますのです。それが彼女のモットーであり、信念でした。

彼女の部下である女性営業スタッフが、クライアントに断られ続けて成績が伸び悩み、ついに欠勤が続くようになりました。

彼女は元々部下のために時間をかけるのを惜しまない人でしたが、部下が欠勤するようになると、彼女の家への訪問を始めました。普通の会社の上司なら電話で様子を聞くくらいでしょう。

しばらくして、部下の女性も気分が落ち着いたのか、会社に出てこられるようになりました。その後、体調もすっかり復調すると、以前にもまして頑張るようになったのです。

私は非常に興味をもって、その部下の女性に話を聞いてみました。彼女は最初、「営業には向いていない。会社を辞めよう」と考えていたそうです。しかし、女性上司がしつこいくらい家にやってきて、ずっと話を聞いてくれました。叱ったり、頑張らせたりするのではなく、「気持ちはよくわかる」「自分にもそういうことがあった」「いつかはきっとよくなる」「いまが辛抱のとき」と励ましてくれたそうです。そうした上司の行動に、彼女は自分のためには頑張れないが、女性上司のためになら頑張れると考えたそうです。

とかく「社員を信じる」と言いますが、それを文字どおり実行できるのは簡単ではありません。

普通の上司は、成果を上げない部下に興味をもちません。部下が脱落していけば「お大事に。残念です」という言葉以上のことをできる上司はそういません。この女性マネジャーの場合は、成果をあげる・あげないは関係なかったのでしょう。「自分の部下である」ということが大切で、そこに情熱を傾けたわけです。彼女の中には部下に対する確固たるコミットメントがあるのだと思います。

簡単に部下を諦める上司がほとんどです。それははるかに楽です。しかしそれでは教えることはできません。

部下を評価する際の注意点は？

――良いときも悪いときも公正公平を心掛ける

▼考課直前の失敗は査定全体にマイナスとなる？

部下を公正公平に評価するのは、本当に難しいものです。私も30年近くにわたって部下を評価してきましたが、公平公正であるか、いつも自問自答しています。部下にとってみれば、自分が公正公平に評価されていると感じて、はじめてモチベーションが高まるものです。

もっともしてはいけないのは、好き嫌いによってマネジメントや指導をすることです。好き嫌いによってマネジメントをしていくと、部下は上司の顔色を伺うようになります。そして上司に好かれようとする部下が出始めます。たいていそのような部下は、仕事の意義や目的を忘れ、お客様への貢献ということも見失っていきます。一方、自分が上司から好かれていないと感じる部下は、仕事へのモチベーションを激しく落としていきます。

心理学にハロー効果という言葉があります。「ハロー＝後光」が意味するように、一つのイメージで相手を判断してしまうことです。

たとえば、ある部下について「ちょっと生意気だ」という話を聞いたとします。すると〝生意気〟という〝後光〟がその部下のイメージとなってしまい、客観的に見ているつもりでも、実は快く思わないフィルターを通しがちになります。いくら部下が成果をあげても、正しく評価できなくなってしまうのです。

また、直前効果というものもあります。これはたとえば、部下の半年間の評価をしなければならないときに、直前で何か失敗したりすると、過去の半年間すべての評価が下がってしまうようなことです。

こうした心理効果は誰にでも起きることです。ですから、上司として心に留めておきたいのは、部下を評価するときには、こうした心理的な影響もあることを理解したうえで、客観的に判断しようとすることです。

▼部下が成功したときは喜びを表す

公正公平であるということは、マイナスの評価のときばかりではありません。教えたことによって部下が成長して成功を収めることができたら、上司は心から喜んであげましょう。

心からといっても〝言うは易く行うは難し〟です。最初はポーズだけでもいいので喜びを表しましょう。同時に心の底でも嬉しいと思い込むのです。それを繰り返していくうちに、いつしかその喜びは本当になっていきます。

心理学的にはセルフシンクロニーといわれるもので、自分の心に思っていることは自然と言行に表れます。

ですから常に喜べるようにあなた自身が心の訓練をしておかなければなりません。そして、部下はあなたの生徒ですから、成功をあなたが心の底から喜べるようになれば思いは通じます。

そうなれば、部下はあなたのためにより成功を収めたいと思うようになるでしょう。それは自分の成功を心から喜んでくれる上司に対してです。人は人から喜ばれることが非常に嬉しいのです。

「失敗談」を話すことはなぜ効果があるのか

——同じ道を歩む部下にとって教訓となる

前にも少し触れましたが、教えるうえで重要なのが、教える側が自分の経験を語ることです。経験は実際にあったことなので、同じ道を歩む部下にも起こり得る可能性が高いのです。

経験のなかでもとくに役に立つのが失敗した話、うまくいかなかった話です。上司が失敗談を率直に語ることはとても重要なことです。

▼手柄話は部下を遠ざける

手柄話の好きな上司がいますが、話せば話すほど部下との距離はひろがります。一方、失敗談は上司と部下の距離を縮めるだけでなく、部下にとってためになるヒントが数多くあるのです。「失敗は成功のもと」というように、失敗がわかっていれば、それをやらないようにすればよいのですから。部下を成功させるためにも、できるだけ失敗談を話してあげてください。

さらに、上司が率直に失敗談を話すことで、部下は上司に対して共感の気持ちを持つだけでなく、不名誉な話を進んでしてくれる上司に対して尊敬の気持ちをもつことでしょう。

手柄話以外にもしてはならない話があります。昔話を引き合いに出し、自分たちの頃と今とを比較することです。時代により条件と状況が異なるので比較してもあまり意味はないのですが、上司が言っている以上、部下はなんの反論もできません。このような話も、部下の気持ちを遠ざけるだけです。

▼失敗したとき人は考えに考え抜く

私も自分の過去を振り返ってみても、うまくいったことより、いかなかったことのほうから多くの教訓を得ました。その過去を部下に話しますが、「こうしたら失敗したよ」という事実を教えることで、同じ轍を踏まないようになってくれることを期待するわけです。

人は成功した時にはそれほど深く理由を考えません。成功の美酒に酔いしれるだけです。しかし失敗したとなると、実に多くのことを考え、心に刻むのです。たとえば経営していた会社を倒産させてしまった時は、大きな負債、迷惑をかけてしまった協力者や社員、またクライアントや周囲の方々、これからの人生、家族、子どもたちのことなど、なぜ失敗したのか、どこがいけなかったのかを考えに考え抜きます。

同時に、それまでは思いもかけなかった人の暖かさや、見えていなかった恩が見えてきます。暖かく援助を差し伸べてくれたり、助言をくれたり。考えに考えた末に、失敗の原因を見極め、周囲の協力により新しく踏み出すことができるのです。

私は、挫折のない人は教師としての限界があるのではないかと思います。本書でも触れていますが、教えるということは、知識、知恵を伝えるだけでなく、それらを活かして目的に向かう力も教えなければなりません。その力を高める、すなわちモチベーションを高めるためにも、失敗を乗り越えたリアルな体験が貴重な糧となるのです。

私の経験からいっても、部下は上司の失敗談にこそ真摯に耳を傾け、そこから彼らなりの教訓を学ぼうとします。

「手柄話」「苦労話」をなぜしてはいけないか

――部下に得るものがないばかりかモチベーションを奪うから

▼自慢話、武勇伝、長広舌は嫌われる

前項の続きです。失敗談と違って手柄話というのは、「良いところだけ」をつなげた話になりがちなので、後に続く者の教訓となる問題点がまったく見えません。話が主観的で、その出来事の本質を知ることができません。

私にはトレーナーになったばかりのときに憧れていた先輩がいました。トレーナーのなかでも一流の中の一流といわれている人物で、学歴優秀。アメリカへの留学経験もあり、受講生を引きつけるスキルも抜群でした。

私は、いつもあんなふうに流暢に話せればいいなと思い、何かを学ぼうと何度か話を聞きました。ところが、話の内容はほとんどが手柄話でした。自ら作ったリーダー研修プログラムの評判がどれほどよかったか、どれだけ大きいクライアントの研修をおこなったかなどで、失敗談はありません。

初めのうちは凄い人だと思っていましたが、そのうち彼から学ぶものはないような気がしました。というのも、話を聞くたびに劣等感を感じるようになったからです。彼が話せば話すほど「自分には及ばない。彼のようにはできない」という思いがどんどん大きくなって、モチベーションは下がってしまいました。これではいけないと思い、それ以後、彼から話を聞かないようにしました。

このことから私は「手柄話は教わる側の人にとって、得るものがないばかりか、モチベーションを奪うもの」と理解したのです。

また「苦労話」が好きな上司もいます。苦労話は失敗談のようですが、実は「自慢話」の亜流で、「苦労したけど頑張った」という手柄話になるか、「これ以上苦労かけるな」といった愚痴のようになり、部下にしてみれば手柄話と同じく学ぶものがないばかりか、上司の愚痴の相手にされてしまうだけです。

部下に長々と話をするのが好きな上司もいます。多くは、説教や教訓と思って話しているのですが、ほとんどは錯覚です。〝俺の場合は…〟と一人称で話し始めたら、部下は「さすがですね○○部長」というしかありません。

あなたの話が教訓になるか手柄話になるかは、話の主語を誰にするかです。教訓にするためには聞き手である〝教えられる人＝部下〟でなければなりません。

部下に自分の失敗談を話すのは、部下が同じような状況にあるか、壁にぶつかっているケースが多いことでしょう。ですから自分の失敗談を話した後には必ずこう伝えましょう。「僕はここから、こういうふうに教訓を得てきたんだ。だから、あなたなら必ずできるよ」あるいは「君なら必ずそれが乗り越えられるはずだ」と部下を承認するのです。

大事なことは、部下がうまくいっていないという状況を受け止め、部下の気持ちも受け取り、そのうえで、この失敗こそが、あなたを成長させる大きなチャンスなのだということを理解させることです。

人はチャレンジをしなければ失敗はしないわけです。私は、失敗というのは世の中にないと思っています。チャレンジをした先に私たちに存在するのは、成功するか失敗かではなくて、成功するか学ぶかです。私たちはたくさんたくさん学ぶのです。その学びがなければ、次の成長へとつながっていくことはありません。

教えることに完璧を期してはいけない

——準備は万全でも思うように指導できないこともある

▼教えることを楽しむ余裕を持つ

私が、初めて企業研修を受け持ったのは35歳のときでした。課長向けの研修で受講生の方々は30代後半から40代が中心です。半年ほど準備に時間をかけて資料をつくり、第1回目の講義にのぞみました。しかし、うまくいかず、受講生からの評価も「面白くない」とか「あまり身にならなかった」など、さんざんな結果でした。私としては精一杯の力で望んだつもりでしたので、相当落ち込みました。そのとき、研修を任せてくれた所長が言いました。

「講師に必要なのは、マインドとスキルと知識である」（これは1章で述べたとおりです）

そして、

「佐藤さんにはマインドはある。手を抜かず一所懸命教えようとする気持ちは十分伺える。そしてスキル、説明する力も十分だ。話も面白い。それに今回の研修について十分勉強もしていて知識も申し分ない。では、何が足りなかったのだろう？　なぜ、うまくいかなかったと思いますか？」

正直、私はわかりませんでした。

「きちんと教えようとする真面目さは伝わる。でも楽しんでいないんですよ。初めてだから仕方ないかもしれないが、佐藤さんが受講生に教えるということ、教えたい内容を楽しんでいない。その雰囲気が受講生にも伝わる。『難しい質問で答えられなかったらどうしよう』『間違わないようにしよう』――そういうことにとらわれすぎると、受講生の気持ちを巻き込む勢いがでてこない。もっと自分自身が教えることを楽しんで…。情熱をもって受講生に伝えたいという思いがあれば、多少わからなくてもいいんですよ。わからなければわからないといったほうがむしろ信頼されます。受講生は講師の情熱に学ぶのです」

所長の指摘のとおり、私は「わからない」ということを恐れていました。とにかく完璧にしようという思いでいっぱいだったのです。私は〝受講生に教える〟というより〝完璧な講義を行う〟ということに固執していたようです。結局、受講生が主ではなく、私が主になっていたわけです。

▼不明な部分は「わからない」と言う勇気を持つ

前章でも述べたように、部下を変えようと命令を出しても、一時的には変わるかもしれませんが、根本的に変えることはできません。根本的に変わるためには、部下が変わろうとするモチベーションに火をつけることです。上司が教えることは、その発火点を見つけて部下に示すことです。

所長のアドバイスは〝受講生のモチベーションに火をつける発火点〟は〝講師の情熱である〟ということでした。

アドバイスを受けた後は何かふっきれたようで、難しい質問に怯えることもなく、また完璧をめざすのではなく、とにかく「自分の持っている知識、スキルをなんとしても伝えて受講生の役に立ちたい」という思いで講義に臨みました。

所長のアドバイスのとおり、私の思いは受講生に届いたようで、その後は評価してもらえるようになりました。

この仕事を通じて学んだことは「準備は完璧に、されど本番は完璧にはならない」ということです。

「準備もそこそこに、本番で帳尻を合わす」というのはもっての外ですが、意外にもこうした講師は多く、受講生の質問を嫌ったり、なかには怒り出したりする人もいます。

準備というのは自分のことですから納得するまで完璧にすることができます。しかし本番の講義は受講生との真剣勝負です。完璧にしてきた準備でも思わぬ不足があったり、予想外の質問があったりと、そこで完璧に固執するということは、むしろ受講生を枠にはめてしまうようなことにもなります。

部下指導についても同じことが言えます。教える内容については準備を完璧にし、自信を持ち、勇気をもって指導に臨む必要があるでしょう。それでも部下からの質問で不明なことがあるかもしれません。そんな時にわからないことをうやむやにするのではなく、わからないことはわからないと答え、次の機会までに調べておくと伝えましょう。見栄を張っていいかげんな受け答えをすれば、部下に見透かされるだけです。むしろ知識とスキルとモチベーションを伝えたいという情熱で部下指導を行うことです。

●西郷隆盛・教える人に必要な真心

己を盡《つく》して人を咎めず、我が誠の足らざるを尋ねべし。

『南洲翁遺訓』

庄内藩士が西郷隆盛から聞いた言葉です。大久保利通や長州藩の木戸孝允と並び「維新の三傑」と称されますが、他の二人が「政治家」であったのに対して、西郷は教育者としての面が非常に強かったと思います。

薩摩藩の若者から「人望並ぶものなし」といわれただけあって、西郷には人を育てる視点に立った多くの名言を残しました。

西郷は、武士としての道徳を尊び、朱子学に強く影響を受けていて、身分の高い者ほど自己を修養して徳を磨き、大義によって行動しなければならないとしました。西郷の言葉を借りるなら、上司（教師）が自分の教えることの未熟を棚に上げて、部下（生徒）が学ばないことを責めたり、嘆いたりすることは本末転倒だということです。

3章

いざ実践のティーチング

ティーチングはどのような段取りで進めるのか

――効果をあげるには6つのステップを踏む

これまでティーチングついて、教える側の心構えや姿勢が非常に重要であることを述べてきました。この章ではいよいよティーチングの実践についてお話しします。

あなたは教える覚悟もできました。相応の知識も持っています。ではこれで部下を教えられるかというと、やみくもに話を始めても結果は出ません。教え育てるためには段取りが必要だからです。実は、この段取りを組むところからティーチングは始まります。

ティーチングのプロセスやその結果、達することができる成果について、部下は未経験です。あなたは、まず部下のために段取りを組むことで、ティーチングの準備をするのです。ティーチングの段取りとは次のような流れになります。

① アジェンダ

② 現在位置を知る

③　目的・計画を立てる
④　マインドを教える
⑤　知識を教える
⑥　スキルを教える

以下、それぞれ項目ごとに内容を解説しましょう。

①アジェンダ

要するに「何を教えるか」です。部下や新人から質問を受けて、それに答えることもティーチングですが、これは「待ちのティーチング」です。育成を目的とした積極的なティーチングは、まずテーマを明確にすることから始まります。新人研修、リーダー研修、あるいはプレゼンスキルアップ研修など、テーマを明確にすることで、それに必要なティーチングのプロセスを作ることができます。

②現在位置を知る

アジェンダが決まったからといって、やみくもに教えようとしても成果はあがりません。まずは教えられる側の状況を把握します。教えることは地図のナビゲーションと同じです。今、部下（＝生徒）はどの辺りにいるのか？　目標との距離はどれくらいあるのか？　目標までの道のりはどのようになっているのか？　それらを教える側は知らなければなりません。

それによってやるべき課題が明確になります。何ができて、何ができないのか──。

現在位置を知る手段としては、アンケートやヒアリング、あるいはテストなどを行います。新人研修などの場合は基本的に0を起点に始める場合もありますし、ヒアリングにより「わからないことをわからせる」といったことも行います。

現在位置を知らずにスタートすると、教える側のひとりよがりになったり、上司が行うティーチングと部下が必要としているティーチングにボタンの掛け違いが起こったり、いつまでたっても結果が表れないということになります。

③目的・計画を立てる

アジェンダが決まり、現在位置を把握したら、目的（＝ゴール）と計画（＝プロセス）を立てます。

計画を立てるときに大切なのが、目的と目標を明確にすることです。ティーチングにおける目的設定の重要性はすでに述べました。目的は最終的な〝的《まと》〟であり、目標はそこに至るまでの〝標《しるべ》〟です。目的に向かっていくつかの目標を設定し、それを目指して日々実践していく計画を立てます。

計画を立てるときに気をつけなければならないのは、目的に到達するまでの時間です。目的があまりにも高く時間が短いと、それこそ「絵に書いた餅」になります。一方で目的が低すぎる場合は緊張感が不足して、モチベーションを下げることになります。したがって〝適度〟な目的を設定してあげることが大切です。

そして目的達成に向けた目標を設定します。これも現実的に高すぎず低すぎず。プロセスと結果を知っているあなただからこそできるのです。

目標を過不足なく達成できるものにするには「スモールステップを踏む」のが効果的です。社会において「学ぶ」というのは学校の試験で良い点数をとるのとは違います。学んだことが本人の血肉となって使えるものでなければなりません。それには一夜漬けではダメです。じっくりと時間と手間をかけて脳と身体に覚えさせさせなければならないのです。

フルマラソンの鍛え方にＬＳＤ＝ロングスローディスタンスというものがあります。これは、いきなりハイスピードで長い距離を走ろうとするのではなく、最初はジョギング程度でできるだけ長く走らせます。距離を走るというより時間を走るという考え方で、どれだけ長い間走り続けていられるか、ということに主眼をおいたトレーニング方法です。基本的な筋力を徐々に高めていき、フルマラソンを走れる基礎体力を作ろうとするものです。

目的達成に向けたスモールステップの計画を設定してあげましょう。

④マインド教育

ティーチングで教えるのがマインド、知識、スキルの３つであり、それぞれの内容がどのようなものであるかは１章で述べました。ここではその３つの内容をおさらいしながら、部下にどのように教えていくかを述べましょう。

３つのうち最初に教えるのはマインドです。もちろん、これらは密接に関わっているので、知識を教えている中でマインドを教えることもありますが、最初は目的達成に向けた意識づくり、モチベーションの向上としてのマインド教育が必要になります。

マインドをティーチングする手段は2つあります。1つは言葉で、もう1つは教える側の行動、態度です。

言葉で伝えるマインド教育について必要なのは「鉄は熱いうちに打て」ということです。といっても、いま問題になっている「力づく」の手法ではありません。

人は初めて出会うもの・ことに対して、情報を収集しようという意識が働きます。それは、単なる好奇心からのこともありますし、警戒心からのこともあります。自分にとって有益か無益か、あるいは有害か無害か、その価値を探ろうとする本能があるのです。その気持ちが新鮮なときにマインドをより高めるためのティーチングをするのです。

マインドを高めるのに役立つのが目的を教えることです。これから学ぶことの目的について、その理由、目的を達成して得られる結果、目的を達成するまでのプロセスを教えます。この目的についての内容が部下の〝腑に落ちれば〟マインド教育の大きな第一段階を終えたといえるでしょう。

しかし、ここがわからないまま、あるいはわかっても納得いかないまま先に進んで行くと、途中で目的を見失いティーチングの効果も上がりません。したがって十分に納得させる必要があります。

そのためには「説明力」が必要になります。説明力はティーチングの基本ですが、これは知っていることをただ話すだけではありません。どんなに言葉を知っていようと、また、知識を持っていようと説明力は高まりません。

説明とは相手がわかるように話すことです。相手がわかるように話すとは、食べ物でたとえるなら食べやすく加工するということです。相手の好みに合わせて味を調整し、食べやすい大きさに切り分け、食欲をそそるように盛りつけるのです。

説明に当てはめるなら、相手に身近な事例を使い、相手にわかる言葉を使い、相手にわかるセンテンスを使って話を組み立てるのです。

つまり、相手に合わせるのです。よく「説明が苦手だ」という人がいますが、それは説明が苦手なのではなく、その人が話す内容をわかっていないのです。

まずはあなた自身が目的を明確に理解するようにしましょう。あなたのこれまでのキャリアと照らしあわせて、これから部下が学ぶことの意味を整理してあげてください。

そして、あなた自身が目的を理解できたら、今度は部下がわかるように、部下の〝現在位置〟に合わせて組み立てた説明をしてあげてください。

この「部下のための説明を組み立てる時間」が、あなたが費やす部下のための時間になります。

＊　＊

次に、行動、態度でもマインドを教えることができます。たとえば、年輩の人でも、とても元気溌剌な人を見ると、驚きとともに自分にも可能性を感じ、自分もああなりたいと思うものです。

言葉でなくても、その人の行動、態度などが相手のマインドに教えるものは多いのです。また「隗より始めよ」という言葉もあるように、言っている本人になんのマインドもなければそこから学べるものはありません。

化学の熱伝導ではありませんが、熱いものにくっつければ、くっついたものも熱くなります。熱源であるあなたは熱いほどいいわけです。

なお、ここで述べた言葉と行動による2つの手段は別々のものではなく、根本はあなたが、わかりやすい説明をしようとする情熱が相手にも伝わるのだということです。

⑤知識を教える

ティーチングでマインドを教えることができたら続いて知識を教えます。前にも述べたように必要とされる知識は、業種、企業、業務、部署によって様々です。知識の基礎がなければスキルの習得はなく、知識とスキルがなければ高いレベルの業務は望めません。人が行える仕事の価値は、その人が持っている知識に左右されます。仕事は必要な知識を身につけることから始まるのです。

ですから、多種多様な知識の中から、設定した目的に必要な知識とは何かを指し示すことが、あなたが知識のティーチングで行う最初のことです。

現代では、知識の専門化、高度化も進み、そのすべてをあなたが教えることはないでしょう。しかし少なくとも、その職場、その仕事に必要な知識については、あなたは上司として理解していなければなりません。そして、その必要な知識を部下が目的に合わせて習得できるように計画を立てる、あるいは立てる手伝いをするのです。

小中学校の教育ではカリキュラムによって習得する知識の順番が決められています。最初に「あいうえお」や九九を習い、次第に難しい内容になっていきます。

資格試験であれば、そうしたカリキュラムも整備されていますが、それぞれの企業独自で必要な知識などは、オリジナルのカリキュラムを立てる必要があります。ティーチングの目的として、それを組み立てて指示してあげるわけです。さらに言えば、習得する知識の中でも、仕事によって重要事項は異なるでしょう。何を優先的に学ぶか、プライオリティーを明確にしてあげるのも上司の仕事です。

⑥スキルを教える

ティーチングで教える3つ目がスキル（＝技術）です。スキルは知識をベースにして物事を処理するための方法や手段ですから、手作業や話術など身体的動作、作業を含みます。

技術系のスタッフが習得すべき専門性の高いスキルから、営業のスキル、プレゼンテーションのスキル、あるいは社内稟議を通しやすくするスキルといった、一般社員の日常業務に欠かせないものまで広範な意味を持っています。

これは言葉だけでは教えることができないので、教える側は手本を見せたり、実際にやらせたりして修正を加えていくことになります。また、専門業務であればシミュレーションなどの研修機器やＯＪＴ、ロールプレイングといった手法を使うこともあります。

スキルは体得するものですから、基本となる教え方は「繰り返し」です。つまり、いかに飽きずに繰り返すことができるかがポイントになります。

飽きさせないためには、繰り返しのトレーニングの中に、スモールステップとしての達成の目標を設定すると効果があります。そして、いまやっているスキル習得が仕事全体、目的に向かう行程の、どの部分を担っているのかを教えるのです。

チャップリンの『モダンタイムス』では、人間が工作機械の一部のように働くことでモチベーションと人間性を失っていきました。スキルの習得でも同じです。今やっていることの意味が理解できずに同じことを繰り返していくと、同様のことが起こります。

スキルのティーチングでは、あなたは常に部下の位置を俯瞰して、その位置を部下にナビゲーションしてあげることで部下のマインドを維持していくのです。

実例に学ぶティーチングの進め方

――マインド・知識・スキルの組み合わせ

▼常に忘れてならないのがマインド教育

すでに何度も述べたようにティーチングで教えることは「マインド」「知識」「スキル」ですが、これらは別々に教えるわけではありません。知識を説明しつつマインドを語り、スキルを手ほどきしながらマインドを説きます。重要なのは、ティーチングにおいてはマインド教育を常に忘れてはいけないということです。

ここで実際のティーチングを2例ほど紹介しましょう。1章でも触れた当社の事例ですが、一般の企業はもちろん、学校など教える場での応用が効くはずです。

1つ目は新人の講師を育成するのがテーマです。目的は「講師として研修ができるようになる」というものです。この目的に向けて知識とスキルの習得を行います。

まず、**「マインドのティーチング」**です。

知識、スキルの習得に先立ってマインド教育を行います。「なんのために講師になるのか」「講師になって何をするのか」「講師としてのやりがいは何か」などを、上司がティーチングします。

次に**「知識のティーチング」**です。

講師として講座に必要な法律やさまざまな業務についての知識の習得です。ここは基本的に言葉が中心になります。

最後が**「スキルのティーチング」**です。

スキルのティーチングは会社や業種によって異なりますが、新人講師の場合は次のようになります。

まずは上司や先輩講師の講座に参加させます。そして講師の言葉をテープにとって全部文字起こしをさせます。文字起こしをしていく過程で、講義の組み立て方、言葉の使い方、研修生との質疑応答など、その講師のリズムを理解させます。

次に文字に起こした原稿を「読む原稿」として纏めさせます。同じ内容でも言葉として話すときの構成と、文字としての構成は異なるものです。講義の内容を読み物として再構築することで、内容の理解をすすめるとともに、自分なりにわかりやすく構成する力を養います。

研修のランクは新人向けから上級者向けまでさまざまあります。最初は簡単なものから始め、徐々にランクアップしていきます。マインドと知識とスキルは重なりあう3つの輪のように、どの1つも欠けることのないようにティーチングでは見守る必要があります。

＊　＊

2つ目の事例は営業スタッフのティーチングの場合です。新人講師と同様に、マインドのティーチングから始まります。

〈マインドのティーチング〉

営業としてのマインドは自社の商品・製品に対する自信と自社ブランドに対する自負です。自社と取引することでクライアントに喜んでもらえるのだというマインドが醸成されることが必要です。

〈知識のティーチング〉

自社が扱う商品・製品についての知識を身につけます。商品・製品の魅力をクライアントに対して最大限にプレゼンテーションするためには、まず自分自身が知らなければなりません。併せて、クライアントについての情報や関連する法律、業務知識の取得も必要になります。その必要性のプライオリティーは上司が指示します。

〈スキルのティーチング〉

営業スキルのティーチングには上司、先輩の営業に同行させ、現場をみせることで指導していきます。スモールステップの原則に則り、スキルの向上を見ながら権限を移譲していきます。具体的には以下のようなものです。

▼第一段階　同行させる

同行の前にクライアントについての情報、営業内容、想定される問答について打ち合わせをします。同行後にロールプレイングを行い、その成果を見て可能であれば次の段階に移ります。

▼第二段階　話に参加させる

営業前に打ち合わせを行い、営業中に必要であれば話に参加させる旨を伝えます。営業の現場では、実際に意見を聞くなど話の穂を向け、打ち合わせに参加させます。帰社後にはかならず評価を加え指導します。

▼第三段階　部分的な説明をさせる

営業前に打ち合わせを行い、説明の一部分を担当させることを伝えます。担当させる部分については事前にロールプレイングを行い、指導を加えます。営業の現場ではフォローを加えつつ説明を行わせて、帰社後に評価指導を行います。

▼第四段階　メインで話をさせる

基本的には一人でも営業できるという想定で行います。営業前に十分に打ち合わせを行い、クライアントの情報、またクライアントとの間で想定される問答も確認します。営業の現場では上司は完全にフォローに回り、帰社後に評価指導を行います。

この2つの事例に見られるように、仕事はマインド、知識、スキルの総合力ですから、上司はティーチングを通じてその成果を見極め、適宜権限移譲していくことで、部下のモチベーションを高めていく必要があります。

権限移譲が十分に行われないと、部下のモチベーションは下がり、折角のティーチングが無駄になります。ティーチングに一応のゴールが見え始めたところから次のコーチングの段階に移っていきます。

column

具体的に、わかるように教える

中学生の頃の話です。合唱の練習で先生によく「心を込めて歌え」と指導されました。しかし「心を込める」という意味がわからず、何度も「もっと心を込めて」と叱られました。当時は「心を込めて」歌えない自分を卑下しましたが、教え方のプロとなった今からみると、これは上手な指導方法とはいえません。「心を込める」という情緒的、主観的な言葉で指導しても、指導される側はまったくわからないからです。

先生の言う「心を込めた結果」がどういうものであるか、生徒は試行錯誤しなければわからないのです。

十分に時間があり、試行錯誤が許されるのであれば、このような抽象的なお題を投げ、生徒の方で回答を探すというやり方もあるかもしれません。しかしこれでは禅の修行です。

しかし、禅の修行はもともと抽象的なお題＝公案に対して、その答えを探すというプロセスそのものが修行とされるのですから、いわゆる先生が生徒を教えるのとは違います。

また、抽象的な指示を与える先生ほど、その結果が自分の意に沿わなければ、我慢できずに怒り、体罰などになることがあります。要するに感情コントロールができないのです。

「教える」ということは具体的でなければいけません。相手がわかるように言わなければ教えていることにならないのです。

合唱でいうなら「心を込める」ことを先生は具体的に示す必要があります。リズムの取り方、声の大小、ここは静かに、ここは間をとって、ここはビブラートを効かせてというように、具体的に「知識」とその使い方である「スキル」を教えます。もちろんその前に、歌を歌うにあたってのマインドを教えます。誰に聴かせるのか、なぜ歌うのか、何を思って歌うのか。このマインドと知識、スキルが一致して高めることで「心が込もった結果」になるわけです。

「心を込めろ」と繰り返すだけでは、「テストで100点取りなさい」といっているのと変わりません。100点を取るための気持ち、知識、技術を教えなければならないのです。

スポーツの練習中に発せられる「気合を入れろ」というのも同じでしょう。気合が入っていないというのは何が足りないのかを具体的に言わなければわかりません。私は野球をやっていましたが、声を出すことが気合いを入れることなのか、よくわかりませんでした。

モチベーションを上げるのに必要なのは具体的な目的であり、その目的に到達できると思える目標です。つまり、「心を込める」「気合を入れる」という目標がどのようなものか具体的に教えられ、それができると思ったときにモチベーションは高まるのです。

なぜ「部下をほめる」のが不可欠なのか

——部下のモチベーション維持が図られるから

▼ほめられない上司は管理職失格

マネジメント全般を通じて、部下のモチベーションを高め、パフォーマンスを最大限に発揮させるために「ほめる」ことの大切さが見直されています。しかし、少なくともティーチングでは不可欠の要素です。ほめることができなければ、ティーチングで成果をあげることができないからです。

ティーチングにおける「ほめる」ことの意味は次のようなものです。

・やっていることに間違いがないという指摘
・一定の成果が見られるという評価
・がんばりを認めるというメッセージ

ティーチングでは目的の設定と、それに向けたモチベーションの維持が大切ですが、学んでいる本人はともするとそれらを見失いがちになります。

心理学の実験で、ほめられるグループと、ほめられないグループの暗記学習の成果を比べました。成績が良かったのは、もちろんほめられたグループで、他にもいくつかの実験で、ほめることによりモチベーションが上がるという結果が出ています。

上司としては、ほめることで部下のモチベーションの維持を図りましょう。「良いティーチャーとはほめ上手の人」と認識しましょう。

ところが日本人はほめるのが下手です。リーダー研修に参加している管理職の中には、「私はほめません」とはっきり言う人さえいます。「なぜほめないのですか」と聞くと、「図に乗る」「仕事はそんなに甘いものではない」という理由が多くありました。ところがそうした管理職に「では、あなたはほめられるとどう思いますか」と聞くと「嬉しいです」と答えるのです。これは「ほめる」ということと、「おだてる」「お世辞を言う」こととを混同しているようです。

おだてる、お世辞を言うのは目的（＝下心）があって、本心では思ってもいないことを言うものです。ほめることは違います。部下のモチベーションを上げるためにおだてたり、お世辞を言ったりすることはまったく必要ありません。ほめるというのは、本当のことを正直に言うことです。管理職の方も、ほめられた経験があまりないので、ほめることが及ぼす心的影響について理解できていないのです。

山本五十六の「やってみせ、言って聞かせて、させてみせ、ほめてやらねば、人は動かじ」は、人材育成の名言ですが、特に重要なのは最後の「ほめる」ということだと思います。

ほめるのは上司の「高度なスキル」なのです。次項で「ほめ方」の具体的な方法を述べます。

部下のモチベーションをグンと上げるほめ方とは?

――本人だけでなくチーム全体にも好影響を及ぼすほめ方

ほめることの大切さはおわかりいただけたでしょう。では、実際にどのように部下をほめれば効果があるのでしょうか。

▼プロセスをほめる

普通、上司が部下をほめる場面というと、たとえば売上げが良かったとか、うまく契約を成立させた時などでしょう。つまり目的を達成して、その結果が良かった時です。仕事で結果を出せば、それは会社から評価されることになり、人事査定などにも影響を与えます。

しかし、これでは結果が出るまで部下は長い間ほめられないことになります。結果が芳しくなければ、ほめられずに終わることでしょう。

たとえば仕事に必要な知識やスキルの習得のケースで考えてみます。仕事に不可欠なら習得は当たり前ですから、公式な資格でもなければ、結果に対する評価やリターンはありません。さらに結果として習得できればまだしも、なかなか習得できないとなると部下のモチベーションはあがりません。

そこで上司であなたは、結果をほめるだけでなく、そのプロセスもほめることで評価を示しましょう。良い結果とは良いプロセスの積み重ねによるのです。

「終わり良ければすべて良し」という言葉があります。この言葉は、プロセスは悪かったが結果は良かったという意味でとらえられていますが、それはプロセスの中のネガティブな部分だけをクローズアップしているのであり、実際には良いプロセスがあったからでしょう。「終わり良ければ…」と言ってしまうと、プロセスの中に隠れている良いことを見ないで、結果だけを見るような懸念さえ生じます。

ですから良いプロセスをほめることでそれを継続させ、良い結果に結びつけるのです。

プロセスをほめるには部下をよく観察しなければなりません。結果の数字だけを見て判断するのはそれほど難しいことではありませんし、結果が良ければ、たとえ上司に評価されないとしても、それを認める人はいます。しかし、プロセスをほめるとなると、もっとも身近で見ている上司にしかできません。

部下は、プロセスがほめられると、その時点で何がよかったのに気づくことができます。「やってみた」「ほめられた」「良かった、またやろう」——。この繰り返しです。つまりほめることはティーチングそのものなのです。

▼具体的にほめる

ほめることの大切さがわかったとしても、ではどうやってほめればよいのでしょうか。「頑張っているね」とか「良くできたね」という表面的な言葉だけではだめです。おだてやお世辞は問題外です。ほめるとは本当のことを具体的に伝えます。「どんな行動」「どんな考え」が「どのようによいか」を伝えるのです。

「クレーム処理の電話で、あの対応はとてもよかったね」とか「今日の会議での発言だけど、私も非常に参考になったよ」など、具体的に「何がどのようによいのか」を伝えます。

ほめられることで、部下は自分の行為行動や考え方が上司にどのように受け取られたかを知り、またそれが評価されることで、さらに伸ばしていこうという気になるのです。また、ほめることは、部下に「会社が評価する価値とは何か」を気づかせる意味も果たします。

プロローグで述べた「部下のための時間」のなかに、「部下のどこをほめるか」を見つける時間も組み込んでおきましょう。

▼すぐにほめる

部下のほめる部分を見つけたら、できるだけ時間をおかずにほめましょう。部下の行動や成果に対し、評価のリアクションが短いほど効果は高まります。時には、同僚の前でもよいでしょう。他人の前でほめることで、本人のモチベーションはより高まりますし、周りの人も評価の内容を知ることで、上司が求めていることが理解できるのです。これも、ほめることでチーム全体に教えることになるのです。

また、普通ほめる時の主語は「私」ですが、チームや会社を代表してほめることも必要です。部下が習得した知識や技術が同僚や会社にとってどう役立つのか、それを一番良く教えてあげられるのが上司です。

そしてほめるときには心の底からほめましょう。多少感情的になってもいいと思います。部下は自分のことに心の底からほめて喜んでくれる上司に対して、さらにモチベーションを高めることができるのです。

▼第三者メッセージを使う

部下を適宜、適確に、しっかりと承認し、ほめることによって、部下のモチベーションは確実にあがります。そして、仕事に対する意味づけ、意義づけなどもしっかりとできるようになります。

ここで「第三者メッセージ」を使うことで、より効果を高めることができます。たとえばあなたの上役の口を借ります。

「私の部下の●●君は本当にがんばっていて、先日、成果をあげました」「仕事もだいぶできるようになりました。今度会った時にでも、承認してあげていただければと思います」

そんなふうに依頼してみましょう。あなたの上役は、部下に会った時に「がんばっているそうだね。君の取り組みは◆◆さんから聞いたよ。とてもいいね。これからもがんばってください」

ほめ上手の5ケ条

第1条 部下をよく観察。ほめるところを常に探す

第2条 ほめ時はすぐにその場で

第3条 「I」より「We」でほめる

第4条 ほめることは具体的に「何が」「なぜ」「どうよかった」かを示す

第5条 心の底からほめる

部下が、あなたの上役からこんなふうに言われたとしたら、どれほどモチベーションがあがるでしょうか。

私にも経験があります。私は専務取締役で、上司といえば社長でした。社長から直接ほめられることは、そう多くはありません。代わりに、社長の奥さまから、社長が言っていたこととして、私への承認と評価を話してくれました。どれだけ自分を奮い立たせるきっかけになったか計り知れません。

「ああそうか。社長は普段は直接ほめてくれないけども、本当にそういう気持ちをもってくれているんだ」ということを感じました。

本人が言わずとも、第三者の口を借りる――。これは言われた人にとっては、直接言われるよりも、周囲に対して自分の評価を高めてくれている上司の心を知り、モチベーションがより高まります。

また、伝聞として第三者のメッセージを伝えることも効果的です。

「常務があなたのことをよくやってくれていると、とってもうれしそうに話していたよ」「昨日お客様のところに行ったら、あなたのことをとても素晴らしい、そして礼儀正しい青年だとほめてくれたよ」と、あなたが聞いた第三者からの評価をしっかりと伝えてあげましょう。

いずれにせよポイントは、あなたが部下にどれだけ関心を寄せているかです。あなたが直接ほめる場合でも、第三者の口を借りる、あるいは、第三者の評価を伝聞として話す場合でも、あなた自身が部下のほめるポイントを見つけ出そうとしているか、また第三者の評価を聞き逃さない、あるいは第三者に評価してもらうようにしているかに関わってきます。

結局、心の底からほめるということは相手に対する関心の大きさ次第なので、その気持が相手に伝わるのです。

部下を叱る際に注意すべき点は？

――間違いを正し、具体的に指導する

▼〝怒る〟はティーチングではない

部下の間違いに声を荒らげて怒ってしまったり、ミスを注意するために叱ったりということがあります。

後になってみると大声を上げたことに多少気が咎めたとしても、上司が叱ることや怒ることは「指導」であると考えている人は多いことでしょう。「ちょっと感情的になってしまったが、行動や考えの間違いを指摘し、修正するために叱り、怒ったのだから指導である」と判断するのです。

たしかに、ことの重大性や緊急性によっては「感情の度合い」でそれを知らしめることも必要でしょう。ですが、そういった状況が頻繁に発生する職場というのは非常に限られるはずです。

「怒る」は外的コントロールです。圧力で相手を従わせようとするものです。「叱る」

も「怒る」に似ていますが、まったく違うものであると理解してください。

「叱る」とは、相手の間違いを正すために「強い調子で指摘・指導する」ことです。つまり「For you」です。上司としてはあくまでも相手の視点に立って、間違いを正すために指摘・指導するのです。

一方「怒る」とは、相手の間違いに対して「抑えきれない自分の感情をぶつける」ことです。つまり「For me」です。「指導」という名目を後付けされますが、実態は怒る側の感情の爆発でしかありません。指導的効果はまったくないといってよいでしょう。その究極が「体罰」です。ティーチングにおいて「怒る」は、無意味であり、あってはならない指導なのです。

親と子、先生と生徒の間で、「本気で叱ってくれた」ことで効果が上がることはありますが、「怒る親」「怒る先生」では、怒られた側は本質的に変わることはありません。怒られることを避けるようになるだけです。

ただし、「叱る」場合でも感情的になりすぎないことです。感情がすぎてしまうと、相手のためと思って叱り始めたのに、いつの間にか自分の感情に火がついてしまい「怒り」になってしまうからです。

正しい叱り方は、間違いを正す時に、冷静に具体的な指摘・指導を行うようにします。すなわち、お互いの話し合いです。

▼衆人環視での叱責は本人だけでなくチーム全体のモチベーションを下げる

感情の発露について言えば、ほめる場合には良い方向に影響しますが、叱るは十分注意が必要です。怒ることはそもそもティーチングでは不可です。対象が若い部下であっても、成人した大人が頭ごなしに上司から感情的に叱られたり、怒られたりすれば素直に聞くことはできないでしょうし、上司に感情的になられると、叱られた内容よりも、上司が感情的になったという事実に部下はショックを受けるものです。この点からも注意が必要です。

また、どうしても叱らなければならないときに気をつけたいのは、他の人の前では叱らないということです。〝みせしめ効果〟となって、本人には必要以上の悪影響を与えるばかりでなく、チーム全体のモチベーションも下げることになるからです。

叱ったり、怒ったりするのは簡単なことです。部下の至らないところはすぐ見つけることができるからです。上司は知識もスキルもキャリアあるわけですから、上司からす

叱り上手の3ケ条

第1条　ティーチングに“怒る”はない

第2条　叱るときは間違いを正し、冷静に

第3条　叱るときは別室でこっそり

れば部下は足りないところばかりです。

ですから大抵の上司は部下を叱ることになります。親と子の関係も同じです。人はもともと他人の欠けているところをみつけるのは非常に目ざといものですが、上司と部下のように実力差がある場合はなおさらです。

そのためにもティーチングにおいては叱ることよりも、ほめるところを一生懸命探すようにしてください。

column

間違ったティーチング

本文で叱り方について触れたので、それ以外にも上司がついやってしまう部下との間違った接し方をまとめておきましょう。こうしたやり方ではティーチングの効果はあがりません。

●知識の詰め込み

知識の総量を上げるために短期間に教え込もうとしても効果はあがりません。知識のティーチングで必要なことは、その知識がなぜ重要かをわからせることです。重要なことを知ることで、そこを起点として知識を広げていくことができるからです。

ティーチングのポイントは知識の量を教えることではなく、知識の重要さ、プライオリティーを教えることです。私は、講演で受講者に配るレジメに大切なことは書きません。なぜなら重要なことが書いてあると思うと、人は話を聞かなくなるからです。よく武道などの極意書には「口伝」がありますが、これは重要なことはフェース・ツー・フェースで伝えることで確実に教えることができるからでしょう。

●「任せるよ」

多くの上司は「任せるよ」という言葉のもとに〝放任〟していることが多いようです。任せるというのは一見すると鷹揚であり、部下を信頼しているかのように見えますが、委任と放任は違います。委任は最終的な責任を上司が負います。放任の場合は上司は責任を取らず「部下を信頼して任せた」と逃げます。

一方で、委任する上司は「報連相」を求めます。それは、いざというときに責任をとる立場を自覚しているからです。そして、部下からの報連相に対してフィードバックを行います。フィードバックとはティーチングにおける重要な手段です。

●部下、上役の悪口

できる部下をほめるつもりで、そこにいないできない部下についてネガティブな発言をすると、そのできる部下も、いつか自分ができなくなったときに、上司に否定されるのではないかと予測します。上司は部下を引きこもうとしたわけですが、部下にしてみれば他の部下の境遇は、明日の自分と思うわけです。

私が以前、化粧品の営業をしていたときのことです。

最初、営業としての成果をあげることがまったくできませんでした。しかしなんとか、評価してもらえる成果を上げられるようになりました。

その頃の上司がよく食事に誘ってくれて、成果をほめてくれました。私は大変嬉しかったのですが、上司は、その席で私の同僚の悪口を言いました。「君は頑張っているが、彼は本当にやる気がない。困ったものだ」「彼はそもそも仕事がわかっていない。彼は組織のお荷物だ。彼にどれだけ自分が苦労しているか」といったことです。

仕事というのは、永久的に右肩あがりに成果をつくることはできません。

時にはうまくいかないこともあります。

上司が他の部下の悪口や批判を言う人だったら、話されている部下は自分自身のことと考えます。いつかは、自分の身として考えてみると、そういう上司を決して尊敬することはできなくなります。

また、部下の前で上役の悪口を言うのもやめましょう。部下は不本意でも同意せざるを得ません。そういったことが周りに知られると、その部下にとってもデメリットになります。

●「なぜ出来ないんだ」

上司のほとんどは「なぜこの部下は育たないんだろう」と思っていますが、一度でもいいから「なぜ俺は部下を育てられないんだろう」と考えてみてください。ティーチングにおいて問題を部下のせいにしているうちは、決して解決することはありません。問題をあなたの手の内に抱えた時に、初めて解決への一歩を踏み出せるのです。

部下のタイプ別ティーチングの注意点は?

——女性・年上の部下・反抗的部下などへの接し方

ティーチングで上司が心がけなければならないことは、「教える・教えられる」と「偉い・偉くない」というのはまったく別のものであるという点です。

社長だから偉い、新人だから偉くないというのも違います。教える側・教えられる側、上司・部下はそれぞれの役割分担でしかないのです。そもそも偉い・偉くないは肩書きや役職で決まるものではなく、個々人の言行、考え方で決まるものでしょう。仮に、教えているほうが偉いとしても、教えているつもりが実は教えられているということも多々あることです。

とくに上司がティーチングを行う場合、この〝錯覚〟に注意しなければなりません。そこを履き違えると、教えているのか威張りたいのかわからないことになります。以下部下のタイプ別にティーチングの注意点をまとめました。

女性の部下

とくに女性の場合は、威張った上司は嫌われます。常々、私は女性は相手の肩書きに左右されずに人間の本質を見ていると感じています。ですから、上司として、あるいは教える立場として〝偉そう〟にしたりすれば、たちまち見透かされます。たとえ表面的には追従していたとしても、内心ではそっぽをむいているのです。

だからといって、女性におもねる必要はありません。きちんと相手の話を聞けばいいのです。ティーチングにおける現在位置の把握、これをきちんと行えばいいのです。

実績のある年上の部下

他部署で実績がある、あるいはＯＢの再雇用で年齢も経験も自分より上の人が部下になることは最近では珍しいことではなくなりました。

しかし、上司としてのあなたは、そうした部下たちにもティーチングを施す場面はあるでしょう。そうした部下たちには、知識やスキルのティーチングは必要ないかもしれません。もちろん、新しく必要な知識やスキルはありますが、重要になるのはやはりマインドのティーチングです。

ただし、新人のような年下の部下に対して行うのとは違います。あくまでも先輩方に自分のマインドを聞いてもらい、共鳴してもらうことを心がけます。上司と部下は役割分担ですから、そこは年上の人に頼るつもりで〝教える〟のがよいでしょう。決してやってはいけないのは、年上の部下の自尊心やプライドを傷つけるような言行です。

能力の高い部下

最近では、習得すべき知識やスキルの多様化・専門化で、必ずしも上司のほうが部下より優っているとはかぎらなくなりました。

こうした部下に対する上司としての権威は、仕事に対するマインド、経験による問題解決力や全体を俯瞰して見られる力といえるでしょう。つまり、仕事によっては能力の高い部下に任せていっても構わないのです。

ただし、チェックすることを忘れてはいけません。放任してしまうと、能力の高い部下ほど独走することになり、結果として本人にも、上司であるあなたにも、そして会社にとってもよい結果になりません。ティーチングでは、マインド教育を繰り返すことで、信頼関係を構築し維持していくのです。

反抗的部下

まずは、何に反抗しているのかをヒアリングする必要があります。上司は自分の意見を押しつけるのではなく、反抗の理由を解決するようにしなければなりません。これはティーチングというよりコーチングの段階に入りますが、やはりティーチングとしてもマインドを教えることになります。

マインド教育は、新人で入社したときから始まりますが、終わりはありません。中堅クラスまで育ってくると、上司としてマインド教育はもういいだろうと思いがちですが、実はこうした中堅社員こそマインド教育が必要なのです。「初心忘れるべからず」です。

反抗的な部下に対して上司がしてはいけないことは、部下に迎合することです。能力のある部下に対してはこうした対応をとっても大丈夫な場合もありますが、反抗的な部下では結局お互いのためになりません。

私が失敗したケースです。

幹部クラスの部下で、能力はあるものの与えられる業務やその処遇に対して不満をもっていました。その対応として、彼の要求に合わせて待遇の改善や業務の変更、さらには人的資源の補完なども行いました。しかし、彼の要求はエスカレートしていきます。結局会社として要求に応えられなくなった段階で、彼は職を辞することになってしまいました。

いまから思えばヒアリングの結果を踏まえて、できることとできないことを明確にすべきだったのです。

「定向進化」という学説があります。決まった方向に進化が進むと、その進化自体に意味がなくなっても、それが止まらないというものです。たとえば、マンモスの牙は実用の範囲を超えて大きくなりました。マンモスの生存そのものに影響を与えるほどになりましたが、牙が大きくなる進化は止まらなかったそうです。

部下の要求がエスカレートするというのもこれと似たものといえるでしょう。その部下自身、自分の要求がエスカレートすることに歯止めをかけられなくなっていたのです。

上司が心に止めておかなければならないのは、マインド教育で理解し合うことができなければ、その後にいくら知識とスキルを積み上げたとしても、最終的に仕事で共存していくことはできないということです。マインド教育の重要性を改めて認識したケースでした。

パート・アルバイト

パート・アルバイトに対するティーチングで大切なことは、その仕事の全体像と担当する業務の全体の中における位置づけです。パート・アルバイトの業務はどうしても部分的なものになりがちなので、その業務が全体に対してどういう価値をもっているのかがわかりません。時給の中で任せた業務を行ってくればいいというのでは、モチベーションは上がらないのです。

部分的な業務を担当される人に対してこそ、全体を俯瞰している上司はその説明をしなければなりません。それが結果としてその業務に必要な知識やスキルの向上につながっていきます。

教えたことをより確実に身につけさせるには？

――テストを実施すれば知識の確認ができる

教えたこと、学んだことをより強固にするためには、効果測定＝テストが有効です。そこで教えたことを覚えてもらうために、課題を出してテストをします。テストのやり方は二通りあって、一つは抜き打ちテスト。もう一つは予告テストです。これらはいずれも効果があります。

▼上司も一緒に受けると効果はより上がる

このテストは、上司、先輩も一緒に受けるとよいでしょう。上司、先輩は入社してしばらくすると知識を維持する努力を怠るケースがあります。会社全体の力を上げるためには、新人だけが努力をしていてもだめです。一度は覚えた知識も忘れてしまうことがあるので、上司、中堅社員に対しても同じようなテストを行い、会社全体の「教えること」「学ぶこと」への意識を高める必要があるでしょう。

これとは別に部下には部下の試験があり、上司には上司の試験もあるでしょうが、時々上司、部下一律のテストをやることが会社全体にとって効果があります。

私が勤めるアチーブメントでは業務に関するさまざまなテストを行っています。一般的には抜きうちで行います。たとえばＩＴの知識、個人情報保護法、商品知識などです。

テストの意味は、知識を身につけたかどうかを測定するとともに、テストを実施することで〝学ぶこと〟への動機づけをするためです。ですから不合格者には合格するまで何度でも試験を受けてもらいます。その知識を「収得する」だけでなく、「収得している」という状態を維持してもらうことが目的だからです。

多くの会社は、業務に関するテストをやらないので、上司ほど肝心の「知識」が不足しているケースが多いようです。

column

学校教育にもPDCAを

これまで評価とは上司が部下を、つまり上が下を評価するものでしたが、最近では部下が上司を評価する仕組みを取り入れる企業も出てきました。部下は上司を選べなくても、その能力を判断することはできるからです。「下から上はよく見える」のです。

教育の現場でもそうした「評価される側＝生徒」からの評価を取り入れる動きが出てきました。大阪府では2013年4月から公立の小中高校で、生徒・保護者による先生の評価制度を取り入れることになりました。さらに、その評価結果を先生の人事査定に取り入れることも予定しており、査定を気にして授業の内容が生徒に迎合するようなものになるのではないか、との懸念もあります。

本書では「教える側」も「教えられる側」も、人としては対等であるということを繰り返し述べてきました。これまではどちらかというと「教える側」が上に立っているかのような錯覚が双方にあったので、その意味では教えられる側からの評価が増え、両者が対等になり「教える」ということがより良いものになればいいと期待しています。一方で評価が単に人事査定だけになり、それによって「教える側」が間違った拘束を受けるのであれば、それは「教えること」の改善にはつながりません。

その点で、生徒による評価をうまく活かしているのが鳥取県の岩美町立岩美中学校の例です。ＮＨＫの『クローズアップ現代「生徒がつける〝先生の通信簿〟」』で放送されたので、ご覧になった方もいるかもしれません。

同校では、生徒による教師の評価を授業改善に利用して学力向上に成功しました。この評価は先生の人事査定などには連動しません。その代わり、徹底して先生方によって検証されます。評価項目は授業内容だけでなく、学校生活全般にわたりますが、とくに授業内容については、

① 「授業の内容に興味が持てた」

② 「授業の内容をわかりやすく教えてくれた」

という2つの項目を4段階で評価しています。

評価項目の①はいわゆるモチベーションです。教えることの最初はまず「やる気＝モチベーション」を高めることから始まるからです。②は「知識・スキル」です。これをどのようにしてうまく伝達しているかが「教えること」の根幹であることはいうまでもありません。岩美中学校の評価項目は「教えることの本質」を見事に抜き出しています。

岩美中学校では、このアンケートの集計結果を、校長先生がそれぞれの先生との個人面談で内容を検証し、問題点についてはアドバイスを加えながら対策を練ります。

また、先生同士のミーティングも持たれ、ここでも集計結果を元に対策を検討していきます。そしてここが凄いところですが、そうした検証結果、対策をもとにして、先生がほかの先生の授業に参加して問題点を指摘したり、良いところを学んだりというように実践していくのです。すなわちアンケートを十分に活かし実行していく行動力があるのです。

アンケートの集計からそれを反映した対応まで、この一連の流れは企業の

「PDCAサイクル」を見事に実現しているなと思い、同校のホームページを見ていたら、なんと校長先生がPDCAを軸にした学校組織マネジメント改革について巻頭に語られています。私は校長先生と先生方の「教えようとする情熱」を感じました。同校の取り組みは着実に成果をあげているとのことで、あらためて教える側の「情熱」の大切さを学んだ気がしました。

PDCAサイクルは、もともと生産管理や品質管理を進める手法で次のようになります。

Plan　計画する
Do　実施する
Check　チェックする
Act　改善する

これを最初のうちは一ヵ月くらいのサイクルで行うことが必要です。慣れるに従ってサイクルを伸ばしていき、最後にエンパートメントするわけです。

この中で重要なのはチェックです。部下がプランどおり実行しているかどうか、間違っていることもあるので、それをそのままにしておかず修正すべきことは修正させます。

このように上司の重要な業務はチェックです。チェックするには常に部下を見ていなければなりません。意外にこのチェックがきちんと行われていない、つまり放任されている場合が多いようです。

●坪内逍遥のマインド作り

知識を教うるよりも、感銘を与えよ。感銘せしむるよりも、実践せしめよ。

『倫理講話者心得』

『小説真髄』『当世書生気質』で日本の近代文学の扉を開けた坪内逍遥は、その後一転して中学校教育の研究に身を投じます。坪内が編集に関わった『国語読本』（明治33年冨山房発行）は教科書業界から大きな反響をもって迎えられました。「倫理講話者心得」はそのころ書かれたものですが、誰に向けて書かれたものかははっきりしていません。

時代は日清戦争から日露戦争への端境期で、教育にも軍国主義、国家主義的な色彩が強まっていました。そうしたなかで逍遥は、自由主義的な教育思想を示しています。逍遥は、単なる知識の伝達ではなく、なによりも本人が感銘して行うこと、つまり本人の「モチベーション」や「マインド」作りが必要だと説いています。

4章

教える環境を整える

新人と同時にチームも教育する理由は？

――チームに新人を育てる気がないと効果が上がらないから

▼新人はあなた以上にチームから多くを学ぶ

綺麗な水槽に病気の魚を入れると元気になるが、逆に濁った水槽に元気な魚を入れると病気になります。

同じように、上司が新しい部下を教えるために重要なのは、その部下を迎い入れるチームの環境です。

たとえば、新人がどんなにヤル気があって、上司であるあなたにも教える意欲が高くても、あなたのチームに新人を迎い入れて教えようとする気持ちがなければ新人は育ちません。

新人はあなただけでなく、あなたの他の部下からも同じように学んでいきます。ただし、彼らから学ぶことは必ずしも良いことばかりではなく、たとえば「遅刻してもあまりうるさくいわれない」とか「陰口、悪口も平気でする」「愚痴が多い」といったことも学んでしまいます。まさに「朱に交われば赤くなる」です。そこで上司が部下を教えるための第一歩は、教えるための「環境＝教室」づくりです。つまり、普段から職場の雰囲気を良くすることが部下を育てるために重要なポイントになるわけです。

環境づくりの際に「隗より始めよ」は教える側の戒めとして常に心に止めておきたい言葉です。たとえば「報連相」という基本的なことでも、部下に求める以上は、自らも「報連相」に応えてフィードバックを行わなければなりません。なんとなく「報連相」は求めるが、結局ほったらかしというのでは新人のモチベーションは徐々に下がり、結局あなたの指導も効果を上げることはできません。

さらに、チームのメンバーは時間を守るか、挨拶をするか、掃除はするか、会議で積極的に発言するか——。こうしたことがすべてチームの色となって新人を染めていくのです。

もし、チームに頑張る気持ちが少ないと、新人にヤル気があったとしても、あっという間にチームのカラーに染まってしまいます。教えるということは、まず「やる気のある水槽」「前向きな水槽」「協調しあう水槽」など、あなたの水槽づくりが重要ということです。

とくに上司として放置してならないのは、チーム内におけるネガティブな言動です。たとえば「会社の方針はおかしい」「あの上司の下ではやる気が出ない」「この仕事には意義を感じられない」「この製品はよくない」――。こうした会社はもちろん、チームに対するネガティブな言動を放置してはいけません。

ネガティブなコミュニケーションというのは、ウィルスのように蔓延していくものです。そこで、そうした言動がみつかったら、上司は即座にその部下と話をします。どういう意図、思いがあるのかをヒアリングするのです。

ネガティブなコミュニケーションそのものがいけないのではありません。力で抑えてしまってはむしろ逆効果です。大事なことは、ネガティブなコミュニケーションをプラス発言に、すなわち会社やチームへの提案に変えてあげることです。

ネガティブな発言をする部下がいたらそれを放置せず「どういうところがいけないのか？　もしよかったら提案をしてくれないか」と聞き出しましょう。こうすることで、ネガティブな水槽は、プラスの前向きな水槽へと変わっていきます。

結論として言えることは、新人だけを教育しようとしてもダメなのです。新人を中心に教育するわけですが、新人と同時に周りも教育する必要があるわけです。

チームで新人を教える際のポイントは？

――先輩社員に指導を任せると数々のメリットがある

▼チーム内で新人育成のコンセンサスをつくる

仕事のためにせっかく身につけた知識や技術も時代の波にさらされます。時代の進歩によって陳腐化していきますから、常に新しい知識・技術を勉強していかなければなりません。

こうした状況に対し、教える立場のあなたが勉強し続けるのは当然としても、あなた一人で、すべての知識・技術を身につけるのは不可能です。そこで、他の部下も活用し、同僚にも協力してもらい、場合によっては外部の力を借りることも考えましょう。ティーチングには、自分が先生となって教えるということに加え、職場が教えるためのチームになるということも大切です。

チームが一丸となって新人を迎える準備が整うようなら、そのチームは仕事に対するモチベーションが高いチームとなるでしょう。

新人を迎えるにあたっては、チーム内で新人育成のためのコンセンサスを作ります。新人に「何を、どのように、誰が教えていくか」ということです。そのコンセンサスをもとに、誰が、何を、どのように教えるかという役割分担を決めます。あなたは上司として、その教えをコントロールします。

▼先輩社員にとってもメリットがある

チームの先輩にとって、新人を教えることにはメリットがあります。教えることによって、自ら学んだことがさらに定着するからです。そのためにも「君は企画書の作り方がうまいので、彼に教えてください」と先輩が新人を教える機会を作りましょう。

先輩に依頼するときのポイントは、教える側にも「目的」を持たせることです。ただ教えるというのではなく、教えることで教える側にも達成できる目標があればモチベーションがあがるからです。「君はパワーポイントを作るのが上手い。このチームのレベルを君のレベルまで上げてもらいたい」などと具体的に示し、教える側のパートナーとしての意識をもたせます。依頼された部下は指導助手として、自分なりに教える工夫をしてくれるでしょう。

上司として、先輩スタッフの秀でた能力をチームづくりの力として最大限に利用するために、部下の知識やスキル、教える力も把握しておきましょう。

とかく上司は自分が一番なんでもできると思いがちです。できる部下にお願いすることは沽券《こけん》に関わるとか、自分の地位が脅かされる、あるいは馬鹿にされるのではないかと不安になります。どうしても自分がどのように思われるかに意識が向いてしまい、素直に依頼できません。

しかし、上司の役割は部下の学ぶ目的を明確にすることですから、その達成こそが上司の価値を高めることになります。

「ちょっと教えてあげてよ」

「誰か教えられる人を知らない」

など、部下であろうと使える人材を活用することは決して恥ではありません。むしろ、部下を縦横無尽に使っているところに上司としての面目躍如を自覚しましょう。

指導者ごとに話が食い違った時はどうする？

――意見を聞く機会を奪わず翻訳して部下に伝える

▼混乱する部下をほったらかしにしない

新人をチームで教える際に、直属の上司が言っていることと、別の上司や先輩が言っていることが食い違うケースがあります。部下からすると混乱を招きかねません。そこで、直属の上司はたえず部下に対する他者の指導を注視する必要があります。

もちろん部下は会社の人材であり、あなた個人の所有物ではないので、会社の様々なポジション、セクションから指導が入ることはやむを得ません。そして往々にして、それぞれの指導には齟齬があったり整合性がとれていなかったりします。

とくに期待される新人であればあるほど、いろいろな人間が言葉をかけてくることでしょう。それ自体は決して悪いことではありません。では、直属の上司としてどのように対応すればよいのでしょうか。上司としての役割は、そうした言葉をうまく「翻訳」してあげることです。

たとえば、あなたのさらに上役が、あなたの部下に期待をかけており、いささか高いレベルの話をしたとします。部下は混乱することがあるかもしれません。そんなときあなたはその上役の話を否定するのではなく、上役の意図をかみ砕いで部下に伝え直すのです。つまり、上役が期待しているからこその話であること、そしてどのように対応すればよいのかなどです。あなたは、部下以上に上役の心の内を理解しているわけですから、その心を代弁する形で補足してあげるわけです。

大切なのは、周りからいろいろな意見、指導されている部下をほったらかしにしないということです。部下を育てる責任のない人は、それぞれの立場で「教え」を行うとするため、同じ問題についての回答が異なることがあります。会社について不慣れな部下はそのままでは混乱してしまうので、直属の上司であるあなたが、すかさず「指導の交通整理」をしてあげるのです。

▼新人が他から聞く機会を奪わない

もう一つ重要なのは、このとき「よけいなことを言って」と他の人たちの意見を否定してはいけないということです。

最近の新人教育では、先輩社員をサポート役にする「メンター制」を取り入れて、基本的な事柄はメンターにより指導する仕組みをとる会社も増えてきました。もし教えている先輩の間違いに気づいたら、彼を別のところに呼び出して間違いを指摘し、正しい指示を与えます。けっして、後輩の前でその先輩の間違いを指摘してはいけません。以後、その先輩の指導がやりづらくなるからです。

周りの意見を否定するということは、部下にしてみればなんとなくあなたの所有物であり、人の話を聞くこともできないのかと思ってしまいます。あなたを閉鎖的な人と思うかもしれません。

周りの意見が部下にとって不要であると思われるのであれば、否定するのではなく、部下がこれからの学んでいく過程で、その指導をどのように取り入れていけばいいのか、あるいはもう少し補足して取り込めるように、具体的に示してあげるとよいでしょう。

column

否定的な意見も成長の肥やしに

本文で述べたように、新人教育における直属の上司としての役割は、周りから新人に寄せられる「教え」の調整、翻訳そして一貫性の維持です。

これについては私自身が経験したことを述べましょう。

私が研修トレーナーになりたてのころです。私は社長から研修トレーナーとして期待されましたが、当時の先輩たちは私が講師に向いていないと、その理由をあげました。社長と先輩から正反対のことを言われ、大変混乱しました。先輩方の言われることはもっともなので、私自身向いていないのではとも思いました。

その時に社長から言われたのです。

「たしかに先輩方の言うことは当たっているところもある。しかし、君には、それを補うトレーナーとしての適性がある。先輩が言ったことは、君がトレーナーとして大成するために、これから勉強していく目的としなさい」

これで私はすっきりしました。社長に言われたように、先輩方の話は、私がこれから克服するための課題として意識することにしました。ですからその後は、まわりから言われれば言われるほどモチベーションが高まったわけです。

社長は、私を研修トレーナーとするために、私に寄せられる様々な「教え」を調整、翻訳して、会社として一貫性を持たせたわけです。

本来、部下への指示指導は直属の上司を通して行われればいいのですが、組織であればそうもいかないでしょうし、また期待されればされるほど周りはいろいろと「教え」たくなるものです。直属の上司としては、部下を囲い込むのではなく、そうした周りからの影響をうまく活用することが必要です。部下を囲い込んでしまうことは、上司にとって都合がよいものですが、部下の成長にとってはためになりません。さまざまな社内での経験値を積むことも上司が部下に「教える」ことの一つになるわけです。

そして、そうした部下のためを思った対応を、部下は必ず見ているものです。

人間は育っていく段階で、ほめられるだけではありません。否定されたり足を引っ張られたりしながら乗り越えていく必要もあります。場合によっては周りの「教え」は、教えという名を借りた足を引っ張る行為かもしれません。しかし、上司としてはそれをも否定することなく、ポジティブに捉える「方法」を部下に教えることで成長を促すようにすべきでしょう。

私は教えることの基本に「ものの考え方」というものをあげています。ものの考え方が変われば行動が変わり、行動が変われば結果が変わります。

私が考える「ものの考え方」の基本は、物事におけるポジティブな側面を見出そうというものです。もちろん、中にはどう考えても良い面がないと思われる場合もあります。しかしそんなときでも「良い面を考えようと努力すること」が必要なのです。

たとえば、一見「否定的な意見」でも、実はそれが克服すべき目的になり、それを克服することで真の目的が達成されることもあります。そうなれば意見を言ってくれた人は自分の成長を助けてくれた人になるわけです。それにより感謝する気持ちも生まれ、感謝すれば、こんどは肯定的な意見も言ってくれるようになります。結果として周りの上司先輩からかわいがられることにもつながります。

たとえば、上司が部下を囲い込んで周りからシャットアウトしてしまうと「あいつは、直属の上司の意見しか聞かない」ということになり、周りの上司からの情報が入ってこなくなることもあります。

部下は会社の人材、会社ぐるみで育てるようにしていくのが上司としての役割です。

結果を出す力と出させる力の違いを知っておく

――上司は知っていることをいかに伝えるかを勉強する

▼名選手、必ずしも名監督にならず

あなたにとって、自分で結果をつくる力と、部下に結果を作らせる力、すなわち指導する＝教える力は、そもそも使うコンピテンシー（能力）が違います。

ホームランバッターが、ホームランバッターを育てられるわけではないのです。

ホームランを打つためには、高い身体能力とバッティングセンス、勝負勘などが必要ですが、ホームランバッターを育てるには、そういった能力は必須ではありません。何が必要なのかというと、マネジメント能力やコミュニケーション能力、さらには説明能力といったことが求められます。コンピテンシーがまったく別なのです。

ビジネスの世界も同じで、自分で売上げを作るコンピテンシーと、人に売上げを作らせるコンピテンシーは違うのです。

ある大手新聞社で、デスククラスの研修をしたことがあります。デスクは記者を統括して新聞の記事を構成し、紙面を作り出す責任者です。研修で、彼らからこんな話を聞きました。

「今の若いやつはやる気がない。わかっていない。記事を書くのが下手だ」――。

デスクに言わせると、彼らの修行時代は、上司や先輩記者が帰ったあと、競うようにしてゴミ箱を漁り、丸めて捨てられた原稿用紙を拾ったそうです。クシャクシャの原稿用紙を広げると、そこには先輩記者たちの推敲した跡が残っていました。新人記者は、それを書き写し、先輩記者が原稿をまとめるプロセスを学んだというのです。

「それにくらべ今の若い記者は何だ。読ませる記事が書きたければ、自分で学び取れ」

と。

しかし今はパソコンの時代です。ゴミ箱に推敲の後のある原稿用紙はありません。ではどのようにして教えたらいいのか――それを考えるのがデスクなのです。

デスクは記者としては、すばらしい記事を書く力、構成する力は持っていますが、それをどのようにして部下に伝えればいいかという方法は学んでいないのです。新人記者に原稿の書き方がなっていないと嘆く前に、どのようにしたら使える原稿の書き方を教えることができるかを考えるべきなのです。

部下を教える際に必要な能力とは次のようなものです。

〈コミュニケーション能力〉

説明力、説得力など、部下にわかりやすく話すための能力と、部下の疑問、不明を理解するための能力です。

〈モチベーションアップ力〉

言葉、行為行動を通じて部下のやる気を引き出します。

〈分析力〉

教えるべきことを、自分自身が理解して、段階的にわかりやすく解きほぐす力です。

〈観察力〉

部下の可能性や資質を見極めていく力です。

足し算をすることはできても、足し算を教えることは意外に難しいものです。足し算を教えるには、その達人である必要はありませんが、足し算の原理、方法については十分に理解していなければなりません。前述のホームランバッターでいえば、ホームランを量産することはできなくても、ホームランを打つための理論は知っていなければならないのです。

教える側は、知っていることを、どのようにしたら伝わるのか、どうしたら教えることができるのかということを勉強をしなければなりません。

知っているだけではダメなのです。そのために、部下に教える知識以上に勉強しなければなりません。それこそ生徒の１００倍学ぶくらいの気持ちでしっかりとコミットして勉強することが大事です。

ティーチングに必要な知識を得るには？

――上司は部下以上に学び続けなければいけない

教える側つまり上司は、部下＝生徒に倍する勉強をしなければなりません。いくら部下に学ぶことの大切さを説いても、上司自身が学ぶことをやめてしまっていては効果がありません。教えるということは、自らも学び続けることです。自分が過去に身につけたことを言っているだけではだめです。伸びようとしている部下以上に伸びようとしなければなりません。向上心のある上司を見れば、部下も自ずと向上心を持ちます。学ぶことは「やってみせて…」です。

知識・スキルは必ず陳腐化します。自分が持っている情報の質と量を常にリフレッシュする必要があります。上司が知識を得る手段を述べてみましょう。

▼書籍

私は専門の教育に関してはテーマに合わせて書籍を読むようにしています。基本的には調べる必要があったら、同じテーマの本を2〜3冊読みます。するとそのテーマの概略はだいたい理解できるものです。

▼新聞

新聞は複数紙読むことが必要です。同じ記事でも新聞によって書き方が異なるので、複数の視点を持つ訓練にもなります。

新聞は、朝刊では新書にしておよそ2冊分の文字数があるといわれます。毎日隅々まで読むのは難しいでしょう。私は、見出しを中心に本文のなため読みをしています。その中から関心を持ったものをさらに読み込みます。新聞は基本的に結論から書いてあるので最初の3分1程度を読むと概要をつかむことができます。

特に関心を持っているテーマ、私ですと教育に関連したテーマなどは旧来の方法ですがスクラップをとっています。

▼人から学ぶ

ティーチングで教えることはマインド、知識、スキルです。知識やスキルは「文字資料」で学ぶことができますが、マインドを学ぶのに効果があるのは「人」です。もちろん、人からは知識やスキルも学べますが、紙資料やインターネットでは学べない「リアルなモチベーション」は人からしか学べません。

その意味で、本書でも述べているように、自分が教える「生徒」も学ばせてくれる人です。ティーチングを行う人は、出会う人、行き会う人すべてから何かを学ぶ気持ちが必要です。

ティーチングでの話し方のポイントは？

——相手に伝わる話し方・準備・あがり対策

教えるための環境づくりとはテーマが少し異なりますが、部下に話を伝える際の話し方のポイントをまとめておきましょう。聞き手があなたと部下の一対一の場合もあれば、新人が何人も入ってきて、複数の部下の前で話す機会もあるでしょう。そうした機会に心がけておけば役に立つ対策です。

▼相手に伝わらなければ意味がない

ティーチングでは一対一で話すこともあれば、多数を相手に話すこともあります。話をすることはティーチングにとって重要なスキルになります。しかし、話し好きの人は、そのことをもって「話のスキルは持っている」と思いがちですが、それは違います。

ティーチングの話術のポイントは「相手を基準にして話す」ということです。自分が伝えたいことと相手に伝わることは違うのです。相手が理解しているか、興味を持っているかは、相手次第なのです。

大事なことは、何が伝わっているか、理解されているかを常に感じ取りながら話さなければならないということです。ティーチングとして話をするときには準備と訓練が必要になります。

▼準備

自分が伝えたいことを書き出して、それをもとにして話を組み立てます。2時間の講演でしたらテーマは3つ程度です。40分くらいで次のテーマに移るようにするとよいでしょう。3つのテーマを説明していくために、具体例や喩え話を組み合わせます。

①伝えることを書き出す

2時間であれば3つ程度のテーマを書き出し、そのテーマの概要をまとめる。

②一言でいうと何をいいたいのか。キャッチ化する

それぞれのテーマについて、もっとも核となることを一言でまとめる。

③具体例、実例を上げる
テーマについて、自分の体験談や見聞したこと、また調べた実例をいくつか用意する。
④喩え話を入れる
喩え話は聴講者のわかる内容にする必要があるため、聴講者のプロフィールを調べ、それに沿ったものを用意する。

▼話の流れを作る

講義、講演で大事なことは、聞いている人がわかることです。そのためには、自分の話したいことをいきなり話し出すのではなく、最初にテーマを説明し、話を聞いたことによって得られるもの（目的）を明示します。つまり話のフレームを最初に説明するのです。書籍でいう目次のようなものです。これにより、聞き手の興味を喚起して話を聞く気持ちを作ります。

話のすべり出しがうまくいっても、陥りやすいのが一方的に話し続けることです。一対一でも多数が相手の場合でも同じです。とくに知識があっても、話をすることに慣れていない人は、沈黙を恐れてどんどん話してしまいます。相手が聞いていようがいまいがおかまいなしです。すると、話は上滑りします。聞き手が内容を把握しないうちに、どんどん進んでしまうのです。結果としてさらにわからなくなってしまいます。

これを防ぐためにも、話すぎないことです。話すぎを抑えるためにも、また聞き手を引き込むためにも、話の中に「間」を意図的に作りましょう。「間」は、言葉と言葉の区切りのこともあるし、聞き手に質問をする、聞き手同士に話をさせるといったことも「間」です。時間でいえば30分に一度は聞き手同士に話をさせたり、質問して答えさせたりする大きな間を取るようにしましょう。

この区切りが、聞き手が話の内容を把握する時間になります。「間」も語りかける言葉の一つと考えてください。

▼あがり対策で必要なことは

大勢の人の前で話すときにあがってしまいがちな人は、とにかく事前準備を十分に行いましょう。話の内容、補足資料、使用する教材まで、すみずみまで頭に叩きこんで何が起きても大丈夫というくらいまで準備します。準備は自信につながります。

あがることの多いケースとしては、「早く終わってしまいそう」「予定どおり進まな

❖効果的なあがり対策

① 事前準備を怠らない

② うまく話そうと思わない

③ 中途半端な知識で話さない

④ あがったら素直にあがったと言う

い」「反応が悪い」「厳しい質問がでる」といったことが考えられます。そのため質問を取らない人もいますが、それはティーチングとしては失格です。質問は受講者のためであり、質問はみんなが同様に思っていることです。質問に適切な答えを出すことがティーチングとしては重要になります。「もし、質問がわからなかったら？」そのときには素直に「わからない」と答えましょう。へんに繕ったり、知ったかぶりをしたりするほうが聞き手の不信を買うことになります。

緊張をとく鍵は、こうしたあらゆる想定に対して事前にイメージトレーニングをすることです。壇上で質問の回答に詰まる自分、聞き手が話に乗ってこない時などをイメージし、それに対処する方策を考えるのです。人の数、会場の様子をできるだけリアルに思い描き、イメージの中で対処を施すことで「緊張の前倒し」ができます。そしてこの経験が身となって実際の緊張を和らげることができるのです。話の準備、心の準備が必要なのです。

ティーチングでの板書のポイントは？

――読ませるより見せるつもりで書く

▼聞く、訊く、聴く、を使い分ける

前項で話し方に触れたので、この項では部下の前で書くことに触れてみましょう。人に教えるときに、黒板やホワイトボードを使うのはとても効果的です。それはポイントを明確に絞り込むことができるからです。

視覚というのは、その人の印象に残ります。ただし、なんでもかんでも書くのは禁物です。

学生時代に、法学史の先生で、黒板に書くのが授業というような先生がいました。90分間、黒板に向かって話しながら書き、時々学生の方を向きながら書き続けました。授業が終わる頃には、黒板の全面にはさまざまな文字が書き込まれることになります。生徒はそれを書き写すのに必死です。一言一句書き逃すまいとして書き写しました。こうした経験ありませんか？

いくら黒板をしっかり写したとしても、また写しきった充実感は味わえても、あまり身になっていないということも、経験にあるかと思います。

同じようにホワイトボードにたくさん書くのも効果的ではありません。目的はあくまでもポイントをわからせることです。

私は、最初にホワイトボードにポイントを書いて、次に口頭で説明します。

たとえば、コミュニケーションの研修で、「聞くということ」について、漢字を使って説明することがあります。まず、聞くことを意味する漢字には3つあると伝えてから、一つ目の「聞く」をホワイトボードに書きます。これは「もんがまえ」の中に耳が入っています。つまり、門の中にいて耳に入ってくるので、積極的に「聞く」というよりも、「聞こえてくる」という意味です。英語で言えばhearです。

次に「訊く」を書きます。これは言葉という字が入っているので、尋ねるという意味です。英語ではaskという意味です。

最後に「聴く」を書きます。心という字が入っているので、心で受け止めるという意味です。英語ではlistenといいます。そして「重要なのは心を傾けることなのです」といった説明をするのですが、これは言葉だけよりも、ホワイトボードに大きく書いたほうが一目瞭然です。

▼きれいな字よりも読みやすい字で書く

このように私の板書の仕方はポイントを書いて、それを口頭で説明する。さらに次のポイントを書いて口頭で説明するということです。

なんでもかんでも書いてしまうと、文字が文字に埋もれてしまいポイントがしぼられず、印象にも残りません。どうしても、ホワイトボードに書くことが多い場合は、受講生が書く時間を後で設けるようにして、まずは説明に集中してもらいます。

また、板書をするときポイントは、綺麗な字を書くというよりも、読みやすい字を書くということです。大きく書くことが必要です。後ろをむいたまま、時間をかけて綺麗に書くことに集中している人がいますが、あまり感心しません。書くという時間は、講師の言葉が止まりがちです。そこにあまり時間をかけると教えるリズムが変わり、全体としてテンションが停滞します。

また、板書するときにはペンの色も大切です。黒、赤、青などを効果的に使うのです。基調とする色は黒がよいでしょう。黒はすんなりとおちついて入ってくるからで

❖板書・ホワイトボードの使い方のポイント

① ポイントだけを書く

② 書き写す時間を設ける

③ ゆっくり綺麗より大きく読みやすい字で書く

④ 読ませるより見せる工夫をする

す。ときに重要なポイントについては、赤で丸をする、あるいは赤で下線を引くなどすると、とても効果的です。印象に残ります。

ホワイトボードは読ませるより、見せるつもりで書くことが重要です。

●佐藤一斎・教えるのはまず志

人を教うる者、要は須《すべか》らく其の志を責むべし。聒《かつ》聒《かつ》として口に騰《のぼ》すとも、益無きなり。

『言志録』

佐藤一斎は江戸末期の人です。美濃岩村藩出身の儒学者で、若年よりその英才を謳われました。岩村藩の臣として国事にもあたりますが、70歳で幕府昌平坂学問所の総長に抜擢されます。亡くなったのは88歳で、学問所の官舎でした。亡くなるまで学問に打ち込んだわけです。その門下は３０００人といわれ、渡辺崋山、山田方谷、横井小楠、佐久間象山など、幕末を彩る多数の人材を輩出しました。

著作の『言志四録』は、『言志録』『言志後録』『言志晩録』『言志耋《てつ》録』の４部からなり、指導者が読むべき書とされ、西郷隆盛は座右の書として愛読しました。

一斎は、教える者の責任として「志（＝目的）を明確にさせる」ということを求めています。学ぶ者の目的が明確でないのに、いろいろと教え込もうとしても効果はなく、無駄であると説いています。

エピローグ

教えるのに必要な
コミュニケーション力と忍耐力

■部下が育たないのではなく育てていないのだ

私は、管理職に向けた研修で、これまで250社を超える企業に関わってきました。さまざまな職種の管理職に研修を行うなかで数多く聞かされたのが、部下がなかなか育たないという不満です。「わかろうとしない」「何度言ってもわかってくれない」「どうしたら育つでしょうか?」「いまひとつやる気が感じられない」——。

育たないすべての責任は部下にあると言わんばかりです。しかし、考えてみてください。実は育たないで一番困るのは当の部下なのです。

育たない理由は、どこにあるのでしょう。育たない部下が悪いのでしょうか。それとも育てることができていない上司に問題があるのでしょうか。

部下自身は育ちたいと思っています。成長してもっと会社のために貢献し、成果をあげたいと思っています。ですから、上司が嘆く以上に、部下本人も育たないことに悩み、自信をなくし、自分を卑下し、そして、上司や会社に申し訳ないと思っているのです。

育たない責任を部下に押しつけるのは簡単ですが、上司も一度は自らの姿勢を省みてください。上司がきちんと育て方を学んでいない、育て方をわかっていないということがあるはずです。

たとえば、自分の経験を絶対視して押しつけようとしたり、部下の話をよく聞かなかったり、なにより部下を育てると言いながら、育てる心構えで腹をくっている上司がいかに少ないことか…。

ですから、部下が育たないと言ってはいけません。育てていないのです。

■会社の成長、明日の日本を担うために不可欠な仕事

そもそも企業力とはなんでしょう。

「あの企業は開発力がある」とか「あの企業は商品力がある」あるいは「あの企業は財務体質が良い」などと言われますが、商品を作るのも、売るのも、会社を管理するのも、担っているのはすべて人材です。

結局、企業力というのは、人の力と言っても過言ではないでしょう。「企業は人なり」

なのです。

かつて3大財閥といわれた三井、三菱、住友は、それぞれ「人の三井、組織の三菱、結束の住友」などといわれました。明治維新以降、資源大国ではない日本が人材をやりくりしながら経済大国となっていくなかで、日本の企業にとっての人材のありようをうかがい知ることができます。

今日においても、資源大国ではない日本がその経済を維持していくためには、なによりも人材が必要です。日本企業が人を育てることができなくなれば、成長はないのです。ですから、上司が負っている部下を育てるという責任は、部下に対してだけでなく、自社に対しても負っているのです。

企業の成長を担い、企業の明日を担うためにも部下を育てる必要があるという認識を持たなければなりません。逆に、部下を育てていないということは、企業力を減殺し、自ら会社の明日、会社の未来を放棄しているのと同じことなのです。

■育てることを生半可に考えない

私自身の経験を少し書きましょう。学生時代も会社に入ってからも決して良い生徒、良い部下ではありませんでした。

20代の頃は、弁護士志望で司法試験にチャレンジしていました。しかし、10年間頑張っても合格することができず、毎年合格発表を見に行っては、落胆と失望を繰り返しました。

大学の先生も、司法試験に合格した先輩も、現役の弁護士や検事の方も、手をつくして教えてくれましたが、結局、合格の2文字を手にすることができませんでした。教える側からみると、最低の生徒だったと思います。

司法試験を諦めて、化粧品の営業に転じたあとも、最初の数ヶ月間はまったく売れませんでした。本当に苦労しました。最初のうちはお客様に声をかけることすらできませんでしたし、実際にどうやってアポをとっていいのか、どうやってクロージングするのかさえも、まったくわかりませんでした。上司にとっては、最悪の部下だったと思います。

そのあと、私が選んだ仕事が企業研修のトレーナーでした。しかしここでも、最初はなかなか芽が出ませんでした。今でも覚えています。35歳ではじめて管理職研修を行ったのは、東京郵政局の課長研修でした。そのとき研修生に書いてもらったアンケートの結果は今でも忘れません。最悪でした。「話がつまらない」「眠たい」「盛り上がらない」「具体性にかける」「二度と受けたいとは思わない」――。散々な結果でした。

このように身を持って育つことの難しさを体験している私だからこそ、自分の部下には、こんな遠回りはさせたくないと思い、いったいどうしたら人は育つのかという研究を人一倍してきました。

劣等生の私だったからこそ、育ちたいと思っている部下の心に真摯に耳を傾け、この部下には必ず可能性がある、必ず育つのだと、絶対にあきらめないというスタンスを取り続けました。そして、育てることを安易に考えない、育てるために圧倒的な勉強をする、育てるための原理原則を身につける、というのがいまの信条です。

■「教える力」の弱さが体罰を生む

ここで、体罰について触れておきましょう。本書でも述べたように体罰は「外的コントロール」です。「外的コントロール」とは、それをされる側の気持ちには一切考慮しません。

ところがスポーツの世界では、よく体罰が行われます。最近では、大阪の桜ノ宮高校のバスケットボール部の生徒が体罰を受けて自殺しました。また、オリンピックの女子柔道では、体罰を受けた女子選手たちが、監督やコーチに嘆願書を書くという事態に発展しました。

私は高校時代、野球部に籍をおいていて体罰を受けた経験があります。なかでも一人の上級生からは何度も体罰を受けました。練習でへばると蹴飛ばされ、うまく捕球できないとビンタを張られました。おそらく、私のやる気を奮い立たせようとしたのでしょう。しかし、その体罰のおかげで野球がうまくなったという思いはまったくありません。ビンタを張らせて「上級生の手をいためて申し訳ない」という気持ちは、多少あったように思います。が、「厳しい指導」を感謝するという気持ちはまったくなく、自分に対するみじめな気持ち、そして反抗心だけでした。

その後、私は野球部を3年でやめましたが、体罰をふるった上級生との人間関係も切れていきました。高校を卒業してから50数年、彼には会っていませんし、会いたいとも思いません。

体罰とはなんでしょう。要は暴力です。暴力は教育という名のもとで、どんな美名を付けようと暴力に変わりありません。暴力は絶対にふるってはいけないと思います。暴力が教育的な指導のもとに行われるスポーツに限って、体罰という美名がつき、それが是か非かと論じられるのはおかしいと思います。

暴力をふるわれた私の経験から言うと、暴力をふるう先生は、教え方を学んではいず、また教え方が未熟なだけです。ましてや、自分と年もそれほど違わない先輩にどれだけ教える力があったでしょうか。

教える力とは、「話を聞く力」「話し合う力」「説得する力」など、コミュニケーション能力の総合力です。ですから、それを身につけるのは容易なことではありません。教える力が不足しているために、言葉で納得させる代わりに、瞬間的な痛みで「屈服」させようとするのです。

それは、先生としての、上級生としての、後輩を育成する力の放棄です。いかなることがあったとしても、暴力はいけないというのが、私の考えです。

しかし、暴力をふるいたくなる気持ちはわかります。なかなか育たない、イライラする、早く育てなければならない、育てる側のプレッシャー…。並大抵のことではないでしょう。

こうして考えると「教える力」とは、コミュニケーション能力だけではありません。教える側の人間としての総合力も問われるのです。なかでも必ず身につけなければならないのが「忍耐力」といえるでしょう。

上司が変わらなければ部下は育たない――あとがきに変えて

最後までお読みいただき、心から感謝いたします。教えるということの原理原則についてご理解・ご納得していただけたでしょうか。

本書で繰り返し述べましたが、ティーチングは技術でもあると同時に、教える側の心構えがとても大切です。

私が役員を務めているアチーブメント社には110名の社員がおり、上司として彼らを力づけ、どうしたら一人前になっていくことができるかを日々考えています。

私には夢があります。人の育成力が今よりももっと高くなることで、世の中に幸せな人が増え、幸せな組織が増えていくことです。

社会はさまざまな組織の集合体です。それぞれの組織で人をきちんと育むことができれば、その及ぼす経済効果は計り知れません。毎年、約45万人の新入社員が誕生します。そのうち、どれだけの人たちが健全に、そして自分自身のビジョンに向かって育つことができているでしょうか。少なくない数の人たちが、思いどおりにいかず自信を喪失し、場合によっては病気になります。そして、企業の中で非戦力としてのレッテルを張られるか、組織からドロップアウトしてしまいます。これは幸せな社会ではありません。

私には信念があります。人は必ず育つものです。私自身の経験からそういえます。司法試験に10年間失敗し、その後、営業でもなかなか売れませんでした。またトレーナーになりたての頃も、よい結果を出すことができませんでした。

しかし現在、毎日毎日さまざまな企業で研修をし、そして講演をしています。人は変われる。そう、変わることができますし、育つことができます。そのためにも良い指導者に出会うことが不可欠です。

過日、ソフトバンクの王会長と話す機会がありました。人材育成に関してさまざまな話をしました。王会長にとって、荒川コーチはまさに師でした。コーチに出会い、そして一本足打法を完成させました。そのプロセスにおいては、畳が2日間で擦り切れてしまうほど、荒川さんがつきっきりで彼に素振りを指導したそうです。試合が終わったあと、毎日毎日毎日毎日、何千回も素振りをしました。荒川コーチはずっとそこにつき合いました。

こういうことがあったそうです。当時のジャイアンツの広岡選手と金田投手が「王は最近一本足打法で荒川さんの指導を受けている。いったい何をやっているのだろう」と冷やかしにきたそうです。しかし、王さんと師である荒川さんの真剣な取り組みをみて、冗談を言うどころか思わずそこに正座をしてしまったそうです。

教える側の本気さ、教える側の情熱、教える側の妥協のない姿勢、それが人を育てていきます。人が育つというのは、つまるところ教える側の情熱が、教えられる側に伝わるということなのかもしれません。その情熱をベースに、教える側は原理原則を伝えなければなりません。

よく言われるように、人を変えることはできません。すなわち、過去と他人は変えられないのです。にもかかわらず人を育てる仕事に携わる多くの人たちは、部下を変えようとします。そもそも世の中は人を変えようとする大合唱です。夫よ変われ、妻よ変われ、子供よ変われ、部下よ変われ、上司よ変われ、変われ、変われ……。しかし繰り返しますが、他人を変えることはできないのです。

では、人を育てるということは、人に教えるということは、どういうことでしょう。これはまさに、人を変えようとしているのではないでしょうか。

ならば人はどういう時に変わるのでしょうか。それは自ら変わりたいと内発的な動機づけを起こしたときに人は変わります。私たちが部下に教え、部下にティーチングをし、部下に関わるのは、あくまで部下にとっては一つの選択のための情報にすぎません。それらの情報を通して、部下は自ら変わりたいと思ったときにしか変わらないし、自ら育つと決めたときにしか、人は育ちません。

したがって、教えるということは、部下を変える、人を変えようとする行為ではなく、部下や後輩のためになる情報を提供する行為です。自ら変わりたいと思うきっかけをつくるためのコミュニケーションなのです。

部下が育つということは、本人の責任であり、自身で努力するのは当然ですが、その自ら変わりたいと思えるきっかけは何か、意思決定のポイントとは何かを上司はわかってあげなければなりません。

禅の言葉に「啐啄同時」というものがあります。鳥の雛が卵の殻を破って外に出ようとする時に、親鳥が外側から殻をつついて手助けしてあげるということから、師匠と弟子、親と子の間でも伸びようとする絶好のタイミングに、手助けすることを言います。別の言い方をすれば、師匠や親は、弟子や子が、自ら伸びていこうとするそのタイミンを知らなければならないということです。

つまり上司は、ジャストタイミングで教えるための知識とスキルとマインドを提供しなければなりません。

そう考えてみると、人を育てる責任は上司の側にあるのです。上司が変わると部下は変わります。すなわち、良い上司にめぐり合うと部下は育つのです。上司の側は、たえず部下はどうしたら育つのかということを学ばなければなりません。部下が自ら変わりたいと意思決定するような、そのような情報を伝えられる存在にならなければならないのです。

繰り返しますが、私たちは過去と他人は変えられませんが、自分と未来を変えることはできます。自分を変えるということこそが、教えるための技術、原理原則を身につけるということです。

皆様がこの本を通して、少しでも自分自身の指導力、育成力を高めてくださったなら、これにまさる喜びはありません。

教えるというのは時間もかかり、エネルギーもかかることです。しかし、あなたの大事な部下や大事な生徒さんが、今よりも少しでも育ち、今よりもはつらつと仕事をし、生き生きとし始めるとしたら、どんなに素晴らしいことでしょう。人は必ず育つのだというイメージと信念をもって、どうか日々奮闘していただければと思います。

著者　記す

■佐藤　英郎（さとう　えいろう）

北海道出身。明治大学法学部卒業後、同大学法制研究所を経て、研修コンサルタント事業に30年携わる。現在、アチーブメント株式会社取締役・主席トレーナー及び現実行動マネジメント研究所所長。

公開研修及び管理職研修を全国で展開。LOUIS VUITTON、電通、キリンビール、ネスレグループをはじめとする250社以上の研修実績を持つ。その受講生は延べ20万人にものぼる。

リーダーシップ理論、ビジネスコーチング、DiSC理論、選択理論などを組み合わせた卓越した指導内容は、多くの企業、参加者の高い評価を得ている。

国際コーチ連盟（ICF）マスター認定コーチ、DiSCマスタートレーナー、全日本能率連盟マスター・マネジメント・コンサルタント、日本選択理論心理学会会員。

著書に『職場のコーチング術』『部下をひきつける上司の会話術』『プレイングマネジャーのための新図解コーチング術』（以上、アーク出版）、『殻を破れば生まれ変われるかもしれない』『気づく人気づかぬ人』『キッズコーチング』『人生が変わる瞬間』（以上、アチーブメント出版）ほか多数。


殴らず、怒鳴らず、人を育てる!

実践！　プロの教え方

2013年4月10日　初版発行

■著　者　佐藤　英郎
■発行者　川口　渉
■発行所　株式会社アーク出版
〒162-0843　東京都新宿区市谷田町2-7　東ビル
TEL.03-5261-4081　FAX.03-5206-1273
ホームページ　http://www.ark-gr.co.jp/shuppan/
■印刷・製本所　新灯印刷株式会社

ISBN978-4-86059-126-7